白銀大未來

張雲量　陳勇克／著

Contents
目次

Chapter 1　**人類有史以來最大的紙鈔實驗**

Chapter 2　**白銀為什麼在歷史上總是扮演貨幣的角色？**

Chapter 3　　**白銀的供給與需求**

Contents
目次

推薦一

儲存真正的貨幣

全球白銀權威
《摩根報告》發行人　**大衛‧摩根**

　　就如同很多人誤解黃金的貨幣屬性以及在金融體系的適當定位，白銀被誤解的情況更加嚴重。事實上，白銀被當作貨幣來使用的歷史比黃金更悠久，使用的範圍也更廣泛。基本上，人類正在重新發現一件古老的事實：**白銀是屬於全人類的貨幣**。我的意思是，許多中央銀行與那些自認主宰著全世界的那群人，仍然擁有很多黃金。你可以質疑說，很多黃金可能已經被轉移、出租或是被超過一家以上的金融機構同時擁有，但是中央銀行仍然擁有這些黃金，他們有權利索取這些黃金。從另方面來看，儘管白銀被當作貨幣的歷史有數千年，白銀其實就是一種貨幣金屬。但是，白銀已經被銀行體系拋棄。然而，人類對於白銀貨幣屬性的了解已經慢慢開始重新凝聚。你可以從許多不同的面向，觀察到這個改變。例如，**愈來愈多的網路儲藏業者，開始幫助更多民眾持有貴金屬。許多人也在努力讓貴金屬在央行的紙貨幣體系下開始再度流通。**

　　例如，在墨西哥，有一位知名的普萊斯先生（Hugo Salinas Price）正努力讓銀幣重新流通。在美國，很多州都開始努力讓消費者與公司可以運用黃金、白銀來進行日常交易。例如，在猶他州，最近已經通過一條法令允許人民可以運用白銀來購買商品與服務。民眾對於債務、失業、課稅或通貨膨脹等問題的失望情緒，已經來到沸騰的轉折點，他們將會開始尋找具有基本價值的貨幣。這也將會大大削弱銀行體系壓抑貴金屬價格的能力，**銀行體系不斷鼓勵民眾不要儲備實體黃金、白銀的意圖也將被暴露**。當然，他們對於局勢的發展一點也不會感到意外。在把利率降到零的情況下，任何人對於什麼是真正的貨幣都會感到疑惑。

　　在網路上有一部廣為流傳的影片，是前國會議員保羅（Ron Paul）對聯準會主席柏南克（Ben Bernanke）的質詢。保羅博士在質詢過程中，當著柏南克的面，拿起一枚銀幣，並詢問柏南克這枚貨幣的價值。保羅指出他手中所持有的一盎司銀幣，所能購買的石油，比2006年時更多。保羅主張：「這枚銀幣才能保存價值。」「市場已經自行表明了白銀的貨幣價值」，保羅繼續提醒柏南克：「貨幣自然會產生該有的效應，而不是由政府來宣布什麼應該是貨幣，什麼應該不是貨幣。」最後，保羅問柏南克：「你喜愛紙鈔，我喜愛本質貨幣。我們為什麼不讓白銀與紙鈔同時運作？」柏南克拒絕回答這問題，他只說他很樂意私下與保羅討論。而我個人很有興趣聆聽他們

私下的對話。

　　不論中央銀行們關不關心把黃金、白銀重新訂為貨幣，許多一般民眾已經用他們的行動做出決定，他們已經開始用其他方式來保存他們存款的購買力。我之前已經提到在目前的銀行體系下，儲蓄者已經得不到任何的回報。但是，有些儲蓄者在過去十五年來已經不斷在儲蓄黃金與白銀。而相同的基本面理由，已經讓貴金屬在過去十五年來不斷地增值。甚至有些人說黃金、白銀的表現比紙鈔好太多了。所以，我的建議很簡單：「**儲存真正的貨幣。**」

　　但是，累積貴金屬的行動只是會讓你的財富增加，在增加白銀儲備的背後有更重要的原則。不論你在實體白銀市場或是衍生性市場累積了多少錢，不論個人在一輩子中累積了多少錢，一旦與更重要的自由相比，就顯得相形失色。如果你已經累積很多的財富，但是卻沒有自由來決定在哪裡用這些錢。換句話說，如果你在賺取個人財富的過程中，失去了自由，我認為你就放棄太多了。思想自由與媒體自由已經隨著時間，慢慢被權力所腐蝕，而這正是我們所必須捍衛的。對我而言，把白銀重新帶回人類生活的行動，只是喚醒人類起身捍衛自身權利的一部分。

　　我希望你了解，沒有任何事比成為一個自由的人更重要。為了傳播這觀念，我相信網路是關鍵。網路真的是自由市場這個概念的縮影。在網路上，任何擁有電腦的人都可以學習

健康、教育、音樂或任何其他主題。網路是非常寬廣的。你可以自行決定如何運用網路優勢，不論是閱讀與思考，都可以透過網路來執行，這取決於你的努力程度。我曾經被教導過，不要相信任何你所讀到、聽到，甚至看到的一切事物。儘管網路上有很多真相，尤其是關於全球政治結構與經濟結構的普遍腐敗，但是你必須學習獨立思考。

取得真相並不是一件容易的事，要讓大眾察覺到一切事物並不是如表面上所呈現的情況，更是困難。為了影響更多年輕人，我喜歡製作很多線上影片，因為我相信語言溝通與視覺溝通的力量。大約在兩年前，我用知名電影《駭客任務》裡的一個場景，製作一部影片，這場景是莫非斯給尼歐一個紅色藥丸，這紅色藥丸可以讓尼歐真正了解到他被壓抑的本質。在我所製作的影片中，我用銀幣取代了紅色藥丸。這個概念是為了讓更多人了解白銀的意義。**白銀不只是一種資產，也不只是賺錢的方式。購買白銀就像是一種宣示，它在告訴這個社會我們不是被訓練為只是一個消費者，身為人類，我們有權利透過擁有實質資產，對於什麼是價值做出自己的判斷。**

我製作那部影片是因為我想讓年輕人了解今日的社會，對於大部分的人而言，他們一出生就成為債務的奴隸，直到他們離開人世。而且，大部分的人都很難避免這個事實。但是就像一句諺語：「千里之行始於足下」。我鼓勵你採取行動，任何行動都好，讓你親自去體會一般普羅大眾對於金錢與生活的認

知。特別是那些年輕人，他們正陷於工作難尋的困境、必須面對就學貸款以及未知的未來。是時候擺脫舊時代的揮霍行為，並停止傳統社會的生活方式。由消費及債務所驅動的繁榮，在未來將不存在。這並不是世界末日，這表示你必須對未來做好準備。

我認為雲量所撰寫的這本書，已經總結了不只是為什麼你可以從白銀累積一些財富的許多原因，更重要的是，**為什麼白銀故事代表了人類的覺醒**。這本書對白銀的論述非常真實且真誠，也試著讓人類的生活可以順著自然法則而運行。我在網站與影片中常用到一句標語：「購買實體、取得真相、成為真實。」我認為這本書所描述的白銀故事對於那些熱愛自由、但被誤導的每個人，是一盞明燈。如果你真正熱愛自由，光是口頭上說說是不夠的，你還必須要採取行動。

如同往常一樣，
祝福你的健康更勝於財富、智慧更勝於知識

David Morgan

Youtube ＝ silverguru
Twiter ＝ silverguru22
Web ＝ www.TheMorganReport.com
Email ＝ silverguru22@hotmail.com

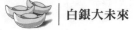

大衛‧摩根(David Morgan)簡介

國際知名白銀權威，研究白銀領域近40年。

同時擔任避險基金、高資產投資者、礦業公司、

貴金屬保管業者以及貴金屬交易商的專業顧問。

經常受邀至國際媒體、國際會議發表對白銀的最新看法。

推薦二

跟著白銀走

加拿大上市Sprott證券、　　　**艾瑞克・史波特**
Sprott資產管理公司創辦人

　　身為貴金屬投資方面的長期學習者，某些事情我們是明白的。其中一件是：白銀與黃金的可得率的比例，歷來都對這兩種金屬的價格有直接的影響。投資用現貨白銀與黃金的可得率之比，當前約3：1。那麼，為什麼投資者要拿比例高很多的資金來購買白銀呢？這些「明智的」投資者明白了怎樣的道理呢？我們來查閱一下數據吧，看看是否到了明智的投資者們該即說即行，並「跟著錢走」的時候了。

　　金礦平均年產量約8,000萬盎司，加上年均大約5,000萬盎司的回收黃金，每年可得的黃金總量約1.3億盎司。對比之下，銀礦年均產量約7.5億盎司，而每年回收白銀約2.5億盎司，兩者相加後總量大約10億盎司。該數據表明，白銀的可得率大約比黃金高出八倍。不過，並不是所有的黃金和白銀都是可供投資的，因為它們還有工業方面的用途。據估計，投資方面（珠寶、金銀條、金銀幣），每年可得的黃金約1.2億盎

司，白銀約3.5億盎司。因此，現貨白銀與黃金的可得率之比就是350／120，也就是 3：1。

現在，我們來看看投資者是如何在黃金和白銀之間分配他的投資比例。 根據美國造幣廠的數據顯示，白銀與黃金的購買比從2008年的22.8：1上升到2012年的45：1。這個數據表示，投資者選擇購買的白銀與黃金的比例遠高於可得量。而且，這種上升趨勢並沒有表現出任何要放緩的跡象。現貨白銀與黃金的比例不僅在上升，而且遠高於3：1的可得率。

我們也可以使用其他的數據，例如加拿大Sprott資產管理公司最近發行的現貨黃金與白銀信託產品。最近一次（2012年9月）發行的黃金信託產品募得資金3.93億美元，最近一次發行的白銀信託產品募得資金3.1億美元。按照每種金屬發行時的價格，我們可以購買21.3萬盎司的黃金和910萬盎司的白銀。這裡體現出的購買比為43：1。

分析一下黃金和白銀兩者的指數股票型基金（ETF）持倉情況就能看出，從2007年到2012年期間，白銀持倉量的增長累計達到12,000噸，黃金則為1,200噸；也就是說，投資者購買的白銀是黃金的十倍之多。

以上只是考慮到三點，但還有其他的數據表明，白銀投資需求與可得量嚴重不符。碰到黃金交易商時，我們最常問的是，他們的黃金銷售額與白銀銷售額的比例是多少。得到的答覆是，銷售額是相同的。也就是說，現貨白銀與黃金的銷售量

比大於50：1。

礦業網（Mineweb）近期刊登的一則頭條新聞報導稱，「印度白銀銷售額超過黃金」，該報導還援引某黃金交易商的話說：「投資者和珠寶愛好者如今更喜歡銀製珠寶。」全球最大的黃金進口國──印度，是不可能購買等量白銀的，因為，如果這樣，他們會需要超過10億盎司的白銀，這基本上超過當前的銀礦年產量。

雖然最後這兩次確認的白銀需求量屬於傳聞，但是來自美國造幣廠、ETF，以及我們發行的現貨信託產品的統計數據都是事實。

當前，白銀價格基本上是在票據市場決定的，紐約商品交易所（Comex）的日平均交易量約3億盎司。這數據與大約200萬盎司的銀礦日產量相比，簡直令人感到詫異。正如美國商品期貨交易委員會委員契勒頓（Bart Chilton）在2010年10月26日指出：「我相信市場上已經多次有人嘗試影響白銀的價格。有人利用欺詐手段來說服相關人員，並以見不得光的方式控制白銀價格。根據我聽到的消息以及我在公開的文件中查閱到的信息，我認定白銀市場上出現過違反《商品交易法》的行為，任何相關的違法行為都應該受到處罰。」

回到「跟著錢走」這一說法。投資者願意拿出和投資黃金一樣多的資金來購買白銀。依我們看，這種情況簡直令人匪夷所思，但數據就是這樣顯示的。

　　白銀投資市場是很小的。雖然全球的黃金價值接近 9 兆美元，但珠寶、銀幣、銀條及銀器等型態的白銀價值，估計在1,500億美元左右（50億盎司，每盎司30美元）。就金額而言，兩者的比例為60：1。

　　當可投資率僅為 3：1的時候，投資者繼續以當前比率購買白銀的時間會有多久？我們驚訝地發現，與黃金相比，白銀價格長期保持在這樣一個低迷的水平上。歷年來，黃金與白銀的價格比都保持在16：1，而兩者在這期間均為貨幣。如今，這個比例是55：1，那麼，這些數據說明了什麼？我們相信，這是明智的投資者「跟著錢走」會大有回報的時候。

　　雲量寫的這本《白銀大未來》，詳細介紹白銀的過去、現在及未來。了解黃金真正價值的人不多，了解白銀真正價值的人更是鳳毛麟角。我認為這本書的內容兼具廣度及深度，讓你徹底了解白銀的價值，並讓你得以在未來獲得驚人的報酬。

web：www.sprott.com

E-mail：invest@sprott.com

免費電話：1.866.299.9906

艾瑞克・史波特（Eric Sprott）簡介

史波特在投資領域有超過40年以上經驗。

1981年，創辦Sprott證券公司

（目前是加拿大最大的證券公司之一）。

2001年，又創辦Sprott資產管理公司。

在投資領域，眼光精準，獲獎無數。

因個人總資產超過10億美元，

史波特名列《富比士》富豪榜。

基於豐富的投資經驗與長遠投資眼光，

他將個人資產的90%都轉換成實體黃金與白銀。

史波特幾十年來發表的黃金、白銀研究報告，

精準預測黃金、白銀長期趨勢的發展，

他的研究成果受到世界各國的重視與推崇，

奠定他在黃金、白銀領域的傳奇地位。

推薦三

避險防火牆：
　捍衛你的終身財富！

IDI朝代企管公司總裁　**柯耀宗**

　　飛行各國，協助金控集團，訓練龐大金控主管群、業務部隊，創造驚人績效！這過往的二十年，金融產業正驚天動地震撼著全球！多年前，很多客戶問我：「柯總裁，到處都在推廣連動債，您卻從來都不教授連動債。原因何在？」我都回答：「這產品有問題，要注意……」等到華爾街金融風暴爆發，已經是全球震盪、哀號遍野了！

　　國際貨幣基金（IMF）資料顯示，1980年以來，181個成員中，有133個成員發生過重大金融動盪，52國多數銀行多次失去支付能力。金融動盪和危機頻繁發生，例如，1991年英國貨幣危機，1992年歐洲匯率機制危機，1994年墨西哥金融危機、全球債券市場危機，1995年美元狂跌，英國巴林銀行破產，1996年捷克、保加利亞和俄羅斯的銀行倒閉，1997年亞洲

金融危機、2008年貝爾斯登（當時為美國第五大投資銀行）及雷曼兄弟接連倒閉。……

精確預見2008年金融海嘯危機的末日博士魯比尼強調：**危機絕非例外，而是「常態」！因為「道德風險」，在金融服務業，特別盛行！**

仲介員，以大量資金押注衍生性金融商品，一旦成功，就有巨額報酬，就算失敗，也鮮少受罰。而且只要「大到不能倒」，就有政府資金保護，更助長危機循環。

無獨有偶的，美國因應2008年金融危機、經濟負成長、不斷升高的失業率，連續施行QE量化寬鬆措施！日圓在安倍上台一個月內貶值10％……各國競爭採取量化寬鬆的貨幣政策，讓「貨幣戰爭（危機）」陰影重現！

貨幣戰爭，殷鑑不遠，例如，1934年，小羅斯福上台，美國財政部購買白銀，抬高銀價，掀起貨幣戰爭。脆弱的中國，白銀外流，陷入嚴重通貨緊縮，只好在1935年放棄銀本位制。當時「中國紙幣」成為世界上貶值最快的幣值之一，單月通貨膨漲最高達2,178％！

《白銀大未來》這本書，就在「經濟危機」與「貨幣戰爭陰影」交相衝擊中，應運而生。

作者張雲量，是台灣第一家創立銀幣公司的豐榮集團董事長，也是國際白銀投資大師大衛‧摩根（四十年來持續看好白銀），在台灣的《摩根報告》（*The Morgan Report*）中英文

版，唯一合夥人。

雲量與大衛兩位投資專家，都出身工程師，有著相似的背景。雲量是交通大學研究所高材生，GRE考試成績為全球Top 3%。兩人都致力宣揚白銀投資的驚人獲利與規則。協助客戶，在不斷發生的經濟危機中，保護自己終身努力賺來的財富，並做好「財富避險」規畫。

雲量研究所畢業後，從事IC設計時，發現白銀是導電性、導熱性、反光性排名第一的金屬，還具有殺菌功能的工業用途，需求成長非常快速。

「工業需求」佔白銀總需求53%，白銀廣泛應用在抗菌材料、醫療、催化劑等。其獨一無二特性，讓白銀在商業領域超過一萬種應用，應用範圍的廣度，僅次於石油。

雲量深入鑽研，發現白銀兩大關鍵需求：工業需求（穩定性成長）及投資需求（爆發性成長）。後者的爆發性投資需求，是白銀價格上漲的關鍵推動力。因為在金融海嘯中，白銀的保值性更受重視。

更驚人的是供給短缺！

美國地質調查研究所推估：全世界銀礦可開採儲量顯示，約二十二年後，所有白銀都會被開採殆盡。白銀將是全球最先被採盡的貴重金屬！

「絕種≠採盡」，瀕臨「絕種」的動物，可以「保育」，繼續「繁衍」。

　　「採盡=耗竭」，「最先採盡」的金屬，讓白銀，未來更加珍貴！

　　這就是白銀會撼動全球投資的關鍵因素，因為「需求長期大於供給」，然而，是否買了一定賺錢？事實不然，因為投資永遠存在著變數。

　　雲量出身工學院背景，深諳「熱力學第二定律：熵（entropy）傾向最大亂度」，如同一滴墨水，進入水中，會自動往最大亂度擴散。投資也是如此，所以需要專業剖析與紀律，才能投資致勝。

　　雲量創立的豐榮銀幣公司，是台灣第一家引進「實體銀幣、銀條」的公司，他強調「實體貨幣投資」的重要性，因為他的目標是創造「危機經濟中的避險防火牆」。

　　他優異的數理分析優勢，結合「計量經濟學」專業，成為這本書的重要基礎。雲量也建立了全台灣第一個實體黃金、白銀網路交易平台。提供一年365天，24小時，都可以進行買賣、安全物流運送系統的投資管道，充分發揮科技的便利。他的傑出成就，不斷受邀參與香港等世界金融中心經濟論壇，震撼分享，也在國際社團中，贏得推崇。更讓他成為美國白銀大師大衛‧摩根《摩根報告》亞洲唯一的合夥人。

　　這本書，就是其海外演講、專業執行投資諮商的「關鍵法則分享」，讓每一位終身打拚、累積財富的現代人，在危機經濟風暴中，了解「財富組合」的「另一選項」，有效分配財

富，創造驚人的終身事業成就之外，也嚴謹捍衛自己財富，打造「避險防火牆」。

柯耀宗簡介

柯總裁，擁有深厚學術涵養，
及企業輔導、個人諮商等豐富經驗。
以「整合先生Mr.Integration」享譽國際，
榮登美國享譽85年歷史的國際名人錄、
台灣名人錄及財經菁英世紀名人錄。

推薦四

了解白銀投資不可不讀

創通集客數位行銷公司創辦人　江東翰
兼總經理

讓真正專家的研究「金」華，做為你財富的「豐」向球，成為時代「銀」家！

2009年中在一場國外研討會上，首次認識到貴重金屬的重要性與價值，回台後上網搜尋貴重金屬投資、白銀投資等，當時網路上，具有參考性資料與實體書籍屈指可數，深入且專業的根本沒有，只能仰賴國外與香港網站的華文資料。據我所知，專門且夠深入談白銀投資的中文書到現在也沒有。

2009年下半年，在網上搜尋時，赫然發現「豐榮銀幣」平台，是我當時看到全台首家、為台灣人成立的第一家白銀投資平台。為了求證該公司的專業性與真實性，藉由地利之便，親自到豐榮銀幣公司「登門踢館」。在不打不相識的情況下，結識創辦人張雲量先生，當時對他的專業度與平實風格留下深刻印象，認識雲量後，也佩服他在財經趨勢、貴金屬與白銀投資的專業性。後來，他成為我個人在這個領域經常請益的顧問專

家。

隨著後續幾年在課程研討會中偶遇互動，逐漸熟識雲量與勇克為人，對他們在經濟數據趨勢解讀，與貴重金屬投資專業見解感到佩服，也對他們熱切渴望為華人、也為台灣人的財富保值避險領域，貢獻一份力量的真誠與使命。

知道他們是玩真的、玩大的；這一、二年，我個人也跟他們有一些行銷合作，建議他們為華人世界引進白銀投資外文報告與資訊，他們大格局不惜代價地引進與翻譯；之後又建議他們出書，惠及更多華人朋友認識正確的白銀投資。

他們在決定寫書後，約一個月初稿就完成，這類型的書沒有平時功，很難這麼快產出，不靠平時專業深入研究實力，累積完整資料數據，是不可能短時間內辦到的。但為了更好地呈現，他們仍耐心與編輯，用半年時間一校二校、來回修訂，可見他們是扎扎實實、日起有功的「真正專家」。

如果當我要找一位個人投資的顧問專家，一邊是扎實研究但不擅自吹的專家，另一邊是善於行銷但無暇研究的專家，我個人會選擇前者，做為我個人投資的顧問專家。雲量就是屬於這類型的專家；我有機緣搶先看到他這本新作的部分初稿與大綱，看完後有一個心得：雖然你不一定有機會接觸到雲量本人，但透過他跟勇克這本白銀投資新作，你等於也擁有扎實且有國際觀的財經趨勢與白銀投資顧問群，為你指引財富「豐」向。

　　在紙鈔快速貶值的時代，如果你需要對自身資產的保護、規畫與布局有完整地認識，打造自身財富的堅實堡壘與避險天堂，我樂意向你推薦雲量與勇克的新作，這本書更是你在華文世界深入了解白銀投資的唯一選擇。

自序一

認識白銀，掌握投資機會

豐榮銀幣公司創辦人　張雲量

　　我研究白銀已經有將近七年的時間，為了深入了解白銀，我花了超過一萬個小時，閱讀了千本以上的書籍與專業報告，範圍橫跨經濟學、貨幣學、地質學、能源學、社會學、各國歷史與地理等領域。我也期許自己不斷以更高的格局、更寬廣的視野、更客觀的角度來理解這個世界的運作。

　　我剛開始研究白銀時，還沒有太多人在意白銀的重要性，當時金融體系的重大缺陷也還沒被暴露出來。不過，自從2008年金融海嘯爆發之後，全世界的人終於見識到現今金融體系的脆弱。西方國家失業率居高不下、美歐國家的債務危機、各國政府聯手印鈔票推行量化寬鬆政策、中國成長萎靡不振等問題，這些議題不斷出現在各大媒體的重要版面，也深深地烙印在人們的心中。

　　其實，這些問題並不是一朝一夕形成的，而是經過上百年的歷史演進所累積出來的。環境雖然不斷在變化，人類不斷

在追求更高的生活品質，但是歷史卻不斷在循環。所以，問題的關鍵是，在歷史不斷循環的過程中，有哪些是永不改變的要素？如果你能掌握歷史循環的關鍵，你就可以順勢而為，過得輕鬆自在；反之，你將被歷史的洪流所吞噬。

本書的主題雖然是談白銀，內容也介紹許多白銀的歷史與基本的供給需求。根據這些知識，白銀在未來不只可以幫助你保存辛苦工作所獲得的每一分錢，甚至可以讓你更富有。但是，我更希望藉著白銀這個人類史上難得的投資機會，啟發你去驗證書中的每一段歷史及每一個數據。我相信真相是經得起考驗的，我已經花了七年的時間驗證我所學習到的一切知識，未來我也將持續下去。

這本書可以省去你許多的時間，讓你快速了解白銀的歷史、現況與未來。在驗證的過程中，我也相信你會學習到更多有關世界經濟的真相，甚至更加確認白銀是人類史上難得的投資機會。

經過多年的研究與驗證，我選擇將實體白銀當作保障我個人資產的方法之一。不過，每一個人的投資目的不同，白銀不見得是最適合你的投資，就算你真的認同白銀的價值，配置的比例也會因人而異。

然而，我希望每一位讀者在閱讀完本書之後，先理性地思考書中內容，並在深思熟慮後，為你的投資組合做最好的選擇。畢竟，你用來投資的每一分錢都是非常珍貴的，請好好善

待你的每一分錢，讓它發揮最大的價值。

最後，祝福所有人都可以安居樂業、健康快樂

最新動態請見　www.prosbcoin.com/video
FB: facebook.com/ulchang

自序二

面對動盪，
更該充實貨幣知識

艾力酷科技董事長
豐榮銀幣公司執行長　　陳勇克

這世界唯一不變的，就是這世界一直在變。

喬納森·斯威夫特（Jonathan Swift，1667-1745，愛爾蘭諷刺作家、詩人）

　　在初步接觸到白銀市場的時候，發現白銀市場如此的至關重要，不管是在歷史地位，甚至是時下的經濟市場，乃至我們四周的日常生活用品，白銀與我們如此的息息相關。

　　然而，市場一直在變動，要保護自己資產最好的方式，就是了解這金融市場的「歷史」與「規則」，而白銀同時兼具貨幣、商品等多重的市場角色，因此透過了解白銀知識，可以一窺這經濟市場的運作模式，進而保護自己「未來」的資產。

　　近年來金融危機持續出現，從2008年的次貸風暴、歐債危機，直到最近的賽普勒斯擠兌，荷蘭銀行不再向客戶交割實體

黃金、白銀等。這些問題，都讓我們對世界的經濟狀態感到不安，而在近年來世界通貨膨脹的壓力下（日元貶值、美元量化寬鬆等），導致通貨大量流動，然而流動的同時，代表著大量的財富將會被重新分配，也伴隨著更多的金融陷阱，讓人防不勝防。

處在這動盪的金融時局，真正可以保護你的，是你的「知識」而不是資產。我們將在本書中詳細分享我們所了解的白銀知識與市場現況，以及我們與世界級大師交流的心得，例如，大衛‧摩根、艾瑞克‧史波特。這些知識絕對會讓想了解、或是已投入白銀市場的你有非常大的幫助。

你絕對是自己財富的主宰，你絕對可以操控自己未來資產的走向。而擁有知識一定能讓你掌握未來世界經濟的脈動！

祝福各位讀者 身體健康、心靈富足

聯絡資訊請上 FB：
https://www.facebook.com/maxsophel

Chapter 1

人類有史以來最大的
紙鈔實驗

貨幣體系讓你的「購買力」變小了

很多人都喜歡錢，但很少人仔細思考過什麼是錢。錢也被稱之為貨幣，可是錢並不等於財富。我們真正想要的是財富而並不是錢。錢可以為我們帶來方便，但卻沒辦法取代財富。一個被扭曲的貨幣體系，很容易會造成我們對錢的誤解。這也是為什麼大部分的人，在現今的貨幣體系下，財富不斷被剝奪的真正原因。

現在的經濟環境，大部分的人都認為錢就是財富，更精確來說，大部分的人都認為我們手中的紙鈔或是銀行存款就是財富。在誠實的貨幣體系下，如果紙鈔的發行，都有黃金、白銀當儲備，紙鈔不可以隨便印製，那麼你手中的紙鈔能換到的財富是相對穩定的。但是，一旦紙鈔缺少黃金、白銀的束縛，而可以隨便印製時，你手中的紙鈔所能換到的財富將愈來愈少。

我們最近常看到的專有名詞，如「通貨膨脹」、「量化寬鬆」、「實質負利率」等，很多人都不了解這些專有名詞的真正內涵，以及對我們生活帶來的實際影響。簡單地說，量化寬鬆是中央銀行計畫性的增加貨幣供給量的貨幣政策，更貼切的形容應該是有計畫性的印鈔票，印鈔票就會造成通貨膨脹。而通貨膨脹有可能會帶動物價上漲，一旦物價上漲的速率超過銀行的利率，就稱為實質負利率。在實質負利率的環境下，雖然你把錢放在銀行裡可以領到利息，但實際上，你的購買力是

不斷在降低的，也就是說，你手中的紙鈔能換到的財富愈來愈少。

　　一旦你了解現今金融問題的根源之一來自於貨幣體系出了問題，你就會發現發行紙鈔的中央銀行是如何名正言順地掠奪你的財富。不論中央銀行是有意還是無意地掠奪人民的財富，透過發行紙鈔，製造通貨膨脹，稀釋紙鈔擁有者的購買力，卻是無可否認的事實。如果你想保障辛苦工作所存下的每一分錢，並且擁有更多財富，那麼你一定要徹底了解，什麼是錢？

紙鈔的起源

　　在「錢」被發明之後，各式各樣的商品都曾經被當作「錢」來使用。因為人類日常生活交易繁多，於是開始發明了金屬貨幣，其中最經得起歷史考驗的就是黃金與白銀。但隨著商業活動的增加，隨身攜帶金屬貨幣才能進行交易，還是有點不便利，為了解決這個問題，加上印刷技術愈來愈發達，人類才發明重量較輕的「紙鈔」。

　　全世界最早的紙鈔是中國人所發明的，西元十世紀初期，北宋的四川商人共同發行了一種紙鈔，稱為「交子」。因為它輕便，剛發明時，對於經濟的確有正面幫助。但是，紙鈔一旦脫離了黃金、白銀的制衡，就會邁入惡性循環，不斷貶值，最後紙鈔會被打回原形，回歸到最原始的價值，也就是紙張的成本。而且人類從發明紙鈔以來，每一種紙鈔最終都變得一文不

值，完全沒有一次例外。

　　以人類最早發明的紙鈔——交子為例，從西元1023年到
1160年，交子的發行準備金從三分之一降到六十分之一，到了
南宋末年，發生超級通貨膨脹，通膨率高達二十兆倍，貨幣體
系因此瓦解，國家滅亡。隨後，金朝發行紙鈔七十多年，物價
上漲了六千萬倍，同樣的，貨幣體系崩潰，國家滅亡。元朝也
同樣發行紙鈔，到了元朝末年，米價上漲六萬多倍，最終貨幣
體系還是崩潰，國力衰敗而滅亡。到了明朝，最初紙鈔制度實
行了一百五十年，結果造成紙鈔價值貶為原本的2%，因此被
迫放棄紙鈔，改用白銀當作貨幣，貨幣體系才重新恢復運作，
國家得以延續。中國歷代以來的紙鈔制度，沒有一次成功，最
終都是造成貨幣體系崩潰。

　　西方國家最早的紙鈔制度起源於1716年的法國，但是只經
過四年，就造成法國經濟崩潰。1790年，法國進行第二次紙幣
實驗，五年之後，通膨率高達一百三十倍。1921年，德國央行
透過印鈔票，摧毀了德國馬克的價值，1923年，1美元可以兌
換4.2兆馬克。德國製造通貨膨漲的方式是透過德國央行向德
國政府購買債券，用來支付政府的預算赤字與支出。當時德國
政府與德國央行的做法與現在美國政府與聯準會的做法如出一
轍。最終就是造成已開發國家有史以來最具破壞性的貨幣崩
潰。雖然目前美國貨幣體系還在苟延殘喘，一旦發生貨幣崩
潰，將會是人類有史以來影響層面最廣且最具毀滅性的崩潰。

　　不論是東西方國家都一樣，紙鈔只要脫離了黃金、白銀的穩定力量，下場都是貨幣體系崩潰，從下列表格中我們就可以了解，光是最近一百年內，全世界大約有五十個國家，因為毫無節制地印鈔票，而造成超級通貨膨脹，最後貨幣體系無可避免地邁向崩潰。然而，美國這次史無前例的印鈔票行動，有可能擺脫歷史宿命，成為唯一一次的例外嗎？

最近100年內超級通貨膨脹國家統計表

國家	開始年月	結束年月	單月最高通膨率	平均每日通膨率	物價翻倍所需時間
匈牙利	1945/8	1946/7	419兆倍	207%	15小時
辛巴威	2007/5	2008/11	7億9.6千萬倍	98%	24.7小時
南斯拉夫	1992/4	1994/1	313萬倍	64.6%	1.41天
波斯尼亞、黑塞哥維那	1992/4	1994/1	297萬倍	64.3%	1.41天
德國	1922/8	1923/12	295倍	20.9%	3.7天
希臘	1941/5	1945/12	138倍	17.9%	4.27天
中國	1947/10	1949/5	50.7倍	14.1%	5.34天
旦澤自由市	1922/8	1923/10	24.4倍	11.4%	6.52天
亞美尼亞	1993/10	1994/12	4.38倍	5.77%	12.5天

國家	開始年月	結束年月	單月最高通膨率	平均每日通膨率	物價翻倍所需時間
土庫曼斯坦	1992/1	1993/11	4.29倍	5.71%	12.7天
台灣	1945/8	1945/9	3.99倍	5.50%	13.1天
祕魯	1990/7	1990/8	3.97倍	5.49%	13.1天
波士尼亞	1992/4	1993/6	3.22倍	4.92%	14.6天
法國	1795/5	1796/11	3.04倍	4.77%	15.1天
中國	1943/7	1945/8	3.02倍	4.75%	15.2天
烏克蘭	1992/1	1994/11	2.85倍	4.60%	15.6天
波蘭	1923/1	1924/1	2.75倍	4.50%	16.0天
尼加拉瓜	1986/6	1991/3	2.61倍	4.37%	16.4天
剛果	1993/11	1994/9	2.5倍	4.26%	16.8天
俄羅斯	1992/1	1992/1	2.45倍	4.22%	17.0天
保加利亞	1997/2	1997/2	2.42倍	4.19%	17.1天
摩爾多瓦	1992/1	1993/12	2.40倍	4.16%	17.2天
俄羅斯	1922/1	1924/2	2.12倍	3.86%	18.5天
喬治亞	1993/9	1994/9	2.11倍	3.86%	18.6天
塔吉克斯坦	1992/1	1993/10	2.01倍	3.74%	19.1天

國家	開始年月	結束年月	單月最高通膨率	平均每日通膨率	物價翻倍所需時間
喬治亞	1992/3	1992/4	1.98倍	3.70%	19.3天
阿根廷	1989/5	1990/3	1.97倍	3.69%	19.4天
玻利維亞	1984/4	1985/9	1.83倍	3.53%	20.3天
白俄羅斯	1992/1	1992/2	1.59倍	3.22%	22.2天
吉爾吉斯斯坦	1992/1	1992/1	1.57倍	3.20%	22.3天
哈薩克	1992/1	1992/1	1.41倍	2.97%	24天
奧地利	1921/10	1922/9	1.29倍	2.80%	25.5天
保加利亞	1991/2	1991/3	1.23倍	2.71%	26.3天
烏茲別克斯坦	1992/1	1992/2	1.18倍	2.64%	27天
亞塞拜然	1992/1	1994/12	1.18倍	2.63%	27天
剛果	1991/10	1992/9	1.14倍	2.57%	27.7天
祕魯	1988/9	1988/9	1.14倍	2.57%	27.7天
台灣	1948/10	1949/5	1.08倍	2.46%	28.9天
匈牙利	1923/3	1924/2	0.979倍	2.30%	30.9天
智利	1973/10	1973/10	0.876倍	2.12%	33.5天

國家	開始年月	結束年月	單月最高通膨率	平均每日通膨率	物價翻倍所需時間
愛沙尼亞	1992/1	1992/2	0.872倍	2.11%	33.6天
安哥拉	1994/12	1997/1	0.841倍	2.06%	34.5天
巴西	1989/12	1990/3	0.824倍	2.02%	35.1天
剛果人民共和國	1998/8	1998/8	0.785倍	1.95%	36.4天
波蘭	1989/10	1990/1	0.773倍	1.93%	36.8天
亞美尼亞	1992/1	1992/2	0.731倍	1.85%	38.4天
塔吉克斯坦	1995/10	1995/11	0.652倍	1.69%	42.0天
拉脫維亞	1992/1	1992/1	0.644倍	1.67%	42.4天
土庫曼	1995/11	1996/1	0.625倍	1.63%	43.4天
菲律賓	1944/1	1944/12	0.60倍	1.58%	44.9天
南斯拉夫	1989/9	1989/12	0.597倍	1.57%	45.1天
德國	1920/1	1920/1	0.569倍	1.51%	46.8天
哈薩克	1993/11	1993/11	0.555倍	1.48%	47.8天

資料來源：《世界超通膨》（*World Hyperinflations*）漢克（Steve H. Hanke）與克魯斯（Nicholas Krus）合著，2012年。

黃金、白銀真的可以保存你的購買力？

很多人可能會對於發生貨幣危機時，黃金、白銀到底能不能保存購買力感到疑惑？讓我們仔細檢視德國發生惡性通膨時的經濟環境，就可以找到答案。德國在第一次世界大戰時，就已經發生嚴重通貨膨脹，但是戰敗後，為了要償還大量賠款，只好打開印鈔機，瘋狂地印鈔票，結果衍生出1923年超級通貨膨脹的經濟惡夢。

1914年，德國一顆雞蛋只要0.08馬克，到了1923年11月卻漲到800億馬克，原本一雙12馬克的鞋子，也漲到30兆馬克。黃金從一盎司100馬克，漲到了87兆馬克。從購買力的角度來看，一盎司黃金在1914年可以換到1250顆雞蛋或是8.3雙鞋。1923年，一盎司黃金可以換到1087顆雞蛋或是2.9雙鞋。一盎司的黃金與100馬克的紙鈔，在1914年可以換到相同數量的鞋子與雞蛋。但是到了1923年，100馬克竟然換不到任何物資，但黃金還是可以換到差不多數量的鞋子與雞蛋。從以上的數據就可以知道，黃金的購買力在任何經濟環境下，都是相對穩定的。然而，持有紙鈔，在貨幣體系發生問題時，將會一貧如洗。

如果把紙鈔換成股票又會如何呢？當時的德國股票加權指數從88點漲到了26,890,000,000點，大約上漲了三億倍，看起來好像上漲了很多，但是購買力卻大大降低了。我們假設用

100馬克在德國股市88點時進場，漲了將近三億倍後出場，100馬克就會變成300億馬克。但是，300億馬克只可以換到0.001雙鞋子與0.375顆雞蛋。因此，你如果在貨幣體系發生問題時，持有股票，股票的購買力也是減少了99.99%以上，股票幾乎沒有任何價值。

　　那持有房地產的德國人生活會過得比較好嗎？當時，由於失業人口暴增，很多人都必須賤價出售房地產換取生活物資。原本有房子可以出租的房東，因為政府為了讓失業者租得起房子，而限制了房租，微薄的房租收入根本無法負擔暴漲的民生物資，結果造成房東也被迫賤價賣出房子，德國房地產因此崩盤。當時，首都柏林市中心商業區的一整條街，只要25盎司黃金就可以買下來。

　　從德國的例子，我們就可以清楚知道，當貨幣體系發生危機時，黃金、白銀確實可以保存大部分的購買力，讓你辛苦工作所存下的每一分錢不會受到損傷。其實，不只是貨幣危機，就算是經濟大蕭條、金融危機、通貨膨脹、通貨緊縮等各種經濟動盪的環境，黃金、白銀都可以保存你的購買力。再觀察德國當時的情況，你會發現一個致富的祕密。如果你在當時持有黃金、白銀，就可以用黃金、白銀換取大筆的房地產或是好公司的大量股份。這就是為什麼，通常在經濟動盪時，也是創造最多富翁的時候。

　　如果你真的仔細了解經濟的循環以及貨幣對於經濟體系的

重要性，你就可以做出最好的準備，掌握每一次經濟的循環，讓你的財富不斷暴增。

美元印鈔機──聯準會

美國是全世界最大的經濟體，而且因為全球商業貿易的發達，美元不只是美國本土在使用的法定貨幣，美元更是全世界國家的主要儲備貨幣。美元的發行是由美國聯邦準備系統（Federal Reserve System, Fed）所控制，美國聯邦準備系統也稱為美國聯邦準備理事會（簡稱聯準會），聯準會的地位就等同於一個國家的中央銀行。

聯邦準備系統創立於1913年，而之所以創立聯邦準備系統，可以追溯到1907年的金融恐慌。當時因為有幾家位於紐約的銀行與金融機構試圖操縱銅市場失敗，而開始引起恐慌。其中還包括了紐約最大的尼克伯克（Knickerbocker Trust Company）信託公司，當市場知道連尼克伯克信託公司都涉入操縱案後，立刻爆發了銀行擠兌。市場信心崩潰之後，進一步造成了股市崩潰及更嚴重的銀行擠兌，整個金融體系面臨極大的衝擊。

因此，美國知名的銀行家摩根先生（J.P. Morgan）就號召了幾位重量級的銀行家，共同擬定計畫，以拯救美國金融體系。就在救援計畫發揮效果之後，這些銀行家們提出了美國需要成立中央銀行的建議，一旦金融體系發生問題時，中央銀行

有能力無限制地發行貨幣，以拯救民間銀行體系。

　　其實在此之前，美國歷史上就曾經提出兩次創立中央銀行的提案，但是都被否決了。被否決的原因是，民眾不認為金融權力可以過度集中在單一機構的一小群人手中，而且也認為隨意發行紙鈔會造成嚴重的通貨膨脹，進而形成資產泡沫。從1836年到1913年，這段美國經濟非常繁榮的成長期，美國是沒有中央銀行的。如果不是因為金融機構的操縱案，拖累了全美的金融體系，成立中央銀行的建議，可能就不會在1907年的金融恐慌期被重新提出。

　　成立中央銀行的提議被重新提出之後，仍然不受到一般民眾的支持。因此，以摩根與小洛克斐勒為首的銀行家，與知名的經濟學家和政治家結盟，創立了無數的平台，包括學術研究、宣傳活動與演講等等，共同推動建立中央銀行的計畫。由於1907年的金融恐慌陰影仍在，再加上銀行家們的努力推動，終於在1910年成立了銀行家委員會，開始進行中央銀行法案的擬定。為了避免對中央銀行的反對意見，這個新成立的金融機構不取名為中央銀行，而稱作聯邦準備系統，這些銀行家所制定的法案也命名為聯邦準備法案。法案擬定完成之後，仍然花了三年的時間，才得到美國國會正式立法通過，並在1914年11月開始實施。

　　聯準會不是一個單一實體，而是由十二家地區性準備銀行所組成，並由聯邦準備理事會所主導，理事會成員不是由銀行

家挑選，而是由總統提名，並由參議院認可。表面上看起來，聯邦準備系統似乎權力分散，而且是由民選的總統與參議員所掌控。但是，為什麼自從聯邦準備系統成立以來，對於聯準會到底是國家機構還是私人機構的爭議不斷呢？如果我們再更深入研究聯準會的運作模式就可以發現事實的真相。

雖然，聯準會是由十二家地區性準備銀行所組成，但是紐約聯邦準備銀行（Federal Reserve Bank of N.Y.）的資產就佔了聯邦準備系統資產的30%以上，而且紐約是主要銀行、各大金融機構的聚集地，因此紐約聯邦準備銀行才是聯準會的實際控制者。聯邦準備銀行雖然是準公共機構，但是在準備區內，具備聯邦準備系統成員資格的私人商業銀行，可以購買所在準備區聯邦準備銀行的股票。法律規定它的收益不得高於年利率6%。

美國政府雖然完全沒有聯準會的股份，但聯準會94%的利潤都要轉交給美國財政部，剩餘6%則是給會員銀行發放股息。紐約聯邦準備銀行是由一個董事會和總裁掌管，不是由民選的官員遴選，而是由股東選出，這些股東主要是由紐約的大銀行指派。

紐約聯邦準備銀行的董事會就像是聯準會背後的聯準會，這些銀行家們才是真正的幕後決策者。銀行家們成功地透過設計巧妙的聯邦準備系統，成為聯準會的實際掌控者。了解聯準會內部的運作模式後，我們對於聯準會到底是國家機構還是私

人機構的爭議，就有了明確答案。事實的真相是：「**聯準會表面上是國家機構，實際上是私人機構。**」

　　根據紐約聯邦準備銀行於1914年5月19日向美國貨幣審計署報備的文件上，我們可以發現更多驚人的內幕。這份文件記錄著紐約聯邦準備銀行股份發行總數為203,053股，其中，洛克菲勒（Rockefeller）和庫恩雷波公司（Kuhn Loeb Co.）所控制的紐約城市國家銀行（National City Bank of N.Y.），也就是花旗銀行（Citibank）前身，擁有最多的股份，持有30,000股；J.P.摩根的第一國家銀行（First National Bank）擁有15,000股，當這兩家公司在1955年合併成花旗銀行後，它擁有紐約聯邦準備銀行將近四分之一的股份，它實際上決定著聯準會主席的候選人，美國總統的任命只是一枚圖章而已，而國會聽證會更像一場給社會大眾看的秀。因此，我們可以說美國政治領域跟金融領域完全是由財團掌控。

　　此外，保羅‧沃伯格（Paul Warburg）的紐約國家商業銀行（National Bank of Commerceof N.Y.）擁有21,000股，羅斯柴爾德（Rothschild）家族擔任董事的漢諾威銀行（Hanover Bank）擁有10,200股，大通銀行（Chase National Bank）擁有6,000股，漢華銀行（Chemical Bank）擁有6,000股，以上這六家銀行共持有紐約聯邦準備銀行40%的股份，到了1983年，他們總共擁有53%的股份。

　　1978年6月15日，美國參議院政府事務委員會發布了美國

主要公司利益互鎖問題的報告，該報告顯示，上述銀行在美國130家最主要的公司裡擁有470個董事位置，平均每個主要公司裡有3.6個董事位置屬於銀行家們。其中，花旗銀行控制了97個董事席位，J.P.摩根公司控制了99個，漢華銀行控制了96個，大通銀行控制了89個，漢諾威銀行控制了89個。

深入了解聯準會成立的來龍去脈後，我們就可以知道，這個**世界是由少數銀行家所把持的論點，並不是空穴來風**，而是確切的事實。這些銀行家掌控具有發行美元權力的聯準會，而且這些可以無中生有的美元早就已經散布到全世界，深植在全世界的金融體系內。此外，這些銀行家所掌控的公司，都是全球知名的跨國企業，範圍涵蓋能源、媒體、基礎建設、礦業、糧食等產業。他們對於全世界的影響力遠超過我們的想像。

紙鈔邁向毀滅的固定模式

綜觀全世界紙鈔發行的歷史，可以發現一種固定的三階段循環。

第一階段：紙鈔發行有100%的黃金、白銀當作發行基礎，穩定貨幣的供給，因此國家的經濟發展也很穩健。

第二階段：隨著經濟持續發展，國家的公共建設支出、福利政策支出與國防支出等各項支出不斷增加，為了應付這些龐大的支出，政府開始透過印鈔票的手段，稀釋紙鈔的價值，黃金、白銀佔紙鈔發行量的比例不斷下降，於是通貨膨脹開始

發生，全民的財富被政府竊取而不自知。知名的經濟學家凱因斯就曾經說過：「**透過持續的通貨膨脹、政府可以祕密地竊取人民的財富，在使多數人貧窮的過程中，卻使少數人暴富**」。通貨膨脹的過程將導致兩個重大的後果，其一是貨幣購買力下降，也就是貨幣貶值，其二就是財富重新分配。

　　第三階段：一旦通貨膨漲開始發生後，不斷印鈔票並進一步推升通貨膨漲的惡性循環，就此展開。初期的通貨膨漲還不會引起人民的注意，直到累積到一定的程度後，人民會漸漸察覺購買力不斷下降的情況，然後開始對政府發行的紙鈔產生不信任感。最後，所有人爭先恐後將紙鈔轉換成黃金、白銀或是任何實質的資產，而導致紙鈔的貨幣體系崩潰，大量的財富就轉移到某些具有遠見，不斷將紙鈔或虛擬金融資產趁早轉換成黃金、白銀的人們。

聯準會成立後的金融時代

　　聯準會正式成立之後，雖然銀行家掌控了美國的命脈——貨幣發行權，但是美元的影響力還只限於美國，當時全世界的金融中心其實是在英國倫敦。到了1944年，第二次世界大戰進入尾聲，世界金融中心的角色開始轉移。歐洲在第二次世界大戰期間受到重創，很多國家都破產，英國也元氣大傷。當時的美國本土，沒有受到戰爭的直接衝擊，反而因為戰爭的進行而大賺戰爭財，工業基礎與科技創新都蓬勃發展。美國也因此累

積了大量的黃金、白銀,全世界的金融中心因此被美國取而代之。

第二次世界大戰後,以美國和英國為首的經濟大國,開始重建新的世界貨幣秩序。1944年7月所舉辦的布列敦森林會議制定了一套規範,塑造了未來三十年的國際貨幣體系。根據布列敦森林會議的規範,國際貨幣體系是以黃金為本位,貿易國可以自由地把美元兌換成黃金,每盎司黃金可以兌換35美元,其他國家的貨幣則是透過對美元的固定匯率實施間接的金本位,美元的影響力開始向全世界的貿易國擴散。當然,聯準會的權力也隨之增加。

美元的發行,雖然沒有100%的黃金儲備,但是黃金儲備的比例非常高。根據統計數據顯示,美國當時的黃金儲備佔全世界黃金儲備的76%,而白銀儲備也有60多億盎司。其實,**布列敦森林會議沒有明訂黃金儲備比率是一個非常重大的缺陷,這個缺陷讓美國在入不敷出時,可以透過印鈔票來彌補財政的缺口。**

美國國力強大之後,政治人物為了選票,而開出了大額的社會福利支票,美國的社會福利支出開始不斷增加。此外,1959年至1975年在越南部屬的大規模軍隊,也花費了大筆的國防支出。初期,美國強健的經濟實力還可以負擔增加的支出。但隨著支出持續上升,美國面臨入不敷出的窘境。為了填補預算赤字的財政缺口,美國採取最傳統的做法——「印鈔票」。

於是開始產生通貨膨脹，美元貶值，黃金、白銀佔美元發行量的比例不斷下降。

當時，法國總統戴高樂察覺美元貶值的情形，並在1965年2月發表演說，宣稱美元不再是國際貨幣體系的領導貨幣，他也呼籲貨幣體系要回歸到金本位，因為金本位是最穩定的貨幣體系。法國開始不斷把手上的美元換成黃金，美國的黃金儲備則不斷流出。隨著國外美元持有者要求兌換黃金的情況愈演愈烈，美國尼克森總統於1971年片面宣布關閉黃金兌換窗口，外國央行不得再用美元兌換黃金。當時，美國的黃金儲備已經從1950年的 2 萬公噸減少到9,000噸左右。

布列敦森林體系發展至此可算是已經崩潰。由於美國只是片面宣布這個消息，並沒有與國際貨幣基金組織及參與制定布列敦森林體系的國家共同協商。直到1973年，國際貨幣基金組織正式宣告布列敦森林體系中止之後，黃金在國際上的貨幣地位完全被紙鈔取代。

白銀的貨幣地位則是在1965年就被紙鈔所取代。自1973年之後，各國貨幣匯率的波動由各國政府和市場自由決定。全世界共同進入了一個新貨幣世代。此時，美元的影響力不僅廣布全球，也完全不受黃金、白銀的束縛，聯準會的權力被推上了頂峰。對照紙鈔的三階段循環，美元正慢慢從循環週期的第二階段跨入到第三階段。

聯準會如何發行美元？

在1792年，美國獨立初期，美元是採取黃金、白銀雙本位制，根據當年所宣告的美國鑄幣法案，1美元價值24.057克純銀或1.6038克純金。當時1美元相當於一枚西班牙銀圓。因為美國政府很少鑄造1美元的硬幣，所以在南北戰爭前，西班牙銀圓一直是美國的主要貨幣。

直到1913年聯準會成立之後，美元貨幣體系的本質發生徹底地改變。美元的發行轉變為由美國政府向聯準會借貸而產生。美元開始與美國國債連結，換句話說，美國債務被貨幣化。別忘了，借貸是要還利息的。美國政府向聯準會借的所有美元，最後都要連本帶利地還給聯準會。可是，美國政府並沒有權力發行美元，美元發行權在聯準會手上，就算把所有借出來的美元都還給聯準會，哪裡來的美元可以償還利息？

因此，美國必須向聯準會借更多的美元來償還利息。這才是美國國債不斷上升的真正原因。而且，這筆債務是不可能還清的。如果要還清債務，美元就會消失，這就等同於美元貨幣體系崩潰，而必須重整；但是如果不還清債務，美國就必須不斷地產生更多的美元，最後發生超級通貨膨脹，美元貨幣體系最終還是難逃崩潰的命運。

債務貨幣化是現代經濟極不穩定的主要原因之一，早在聯準會成立之時，就埋下了種子，這個體制是利用透支未來子孫

的錢來滿足現在的需求，經過長年的累積，子子孫孫的負擔愈來愈沉重，而衍生出來的問題就是，哪一代的子孫會因為這無法承受的負擔，而造成貨幣體系崩潰？

　　了解聯準會產生美元的過程後，我們可以總結出，在聯準會體系下，美元的三大特色：

　　1. 美元可以無中生有，只要發行美國國債，就可以產生美元。

　　2. 美元債務化之後，美元發行量與美國國債被迫必須不斷增加。

　　3. 美元貨幣體系必定崩潰。

　　由於債務貨幣化，造成美元發行量不斷增加。聯準會成立之後，黃金、白銀的貨幣屬性也註定要被剝奪。因為黃金、白銀並不可以隨意產生，但是美元發行量卻被迫必須不斷增加，結果就是，黃金、白銀佔紙鈔發行量的比例不斷下降，通貨膨脹被迫發生，美元因此邁向貶值之路。事實也證明，白銀貨幣與黃金貨幣分別在1965年與1971年，被美元正式取代。從下圖中我們也可以觀察到，隨著美元發行量不斷上升，美元的實質購買力也不斷下降。而這一切的苦果將由全世界的人民共同承擔。

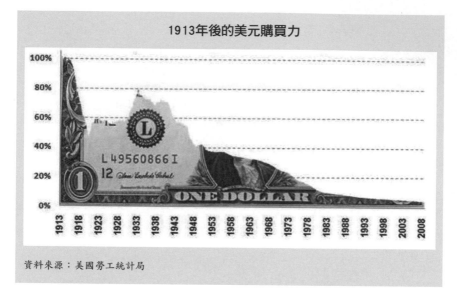

1913年後的美元購買力

資料來源：美國勞工統計局

紙鈔即將邁入循環週期的尾聲

聯準會成立時，美元成了債務貨幣。直到1971年這個人類史上重大的轉折點，美國尼克森總統宣布美元脫離金本位，美元不只是債務貨幣，它又多了一個新名詞──「信用貨幣」。**信用貨幣指的是貨幣的發行由國家立法保障，強制流通，而且完全不需要黃金、白銀當作基礎儲備。**目前全世界的貨幣都是信用貨幣。信用貨幣的價值完全來自於使用該貨幣的人們對此貨幣是有信心的。

美元脫離金銀本位後，少了黃金、白銀這兩大支柱，美元貨幣體系變得愈來愈不穩定。雖然美元貶值可能會帶來經濟成

長和增加就業機會的效益，但是，美國在1973年到1981年這段
期間卻三度陷入衰退。美元的購買力從1977年到1981年短短的
五年內，減少了50%左右。上一波黃金、白銀的牛市，也是發
生在這段期間。黃金在1980年最高漲到每盎司850美元；白銀
在同一年最高漲到每盎司49.45美元。當時，美國經濟成長陷
入停滯，而且出現前所未有的高通膨。我們近年來常見到的名
詞——「停滯性通膨」，最早就是用來形容這段期間的慘況。
倡導美元貶值可以拯救經濟與失業率的經濟學家與政治家實在
是錯得離譜，1973年到1981年這段經濟黑暗期，美元貶值完全
沒有帶來經濟的成長。

　　在全世界對美元極度缺乏信心的情況下。新任聯準會主席
伏克爾與新任美國總統雷根，開始聯手拯救美元危機。伏克爾
採取強力手段來抑制通貨膨漲。他在1981年6月把聯邦資金利
率提高到20%，通膨率因此從1980年的12.5%，降低到1986年
的1.1%。隨著通膨情況趨於穩定，黃金、白銀價格與各種原
物料價格也開始趨於平穩。此外，雷根總統也實施了降低稅率
的政策。雷根總統與伏克爾主席聯手打造了強勢美元，讓美國
進入了史上最強的經濟成長期。

　　雖然表面上經濟數據很亮眼，但是，美國失業率仍然居高
不下。因為強勢美元讓其他國家的產品相對便宜，刺激了美國
人購買大量德國和日本產品，造就了經濟數據看起來很好，但
是並沒有創造太多就業機會的情況。

為了解決失業率問題，美國各產業與各州的政治人物又開始呼籲要讓美元貶值，提振出口與增加就業。儘管美元貶值帶來的教訓才剛過幾年，但是，某些企業家與政治人物，卻期待美元貶值可以帶來短期的提振效果。因此，美國又再度進行美元貶值的計畫。由於美元的發行已經完全不受黃金、白銀的束縛，美元匯率是由外匯市場決定，而外匯市場是由國際大銀行與國際企業所組成。要達成美元貶值的目的，就必須聯合全世界政府一起干預匯市。

雖然，各國政府對於美元貶值完全沒有興趣。但是，美國擁有龐大的天然資源與軍事力量，迫使各國政府不得不妥協。1985年9月，世界主要經濟大國的財政首長與央行首長在紐約廣場飯店開會，共同擬訂美元貶值計畫，各國中央銀行承諾要提供超過100億美元的資金干預匯率。計畫執行之後，從1985年到1988年，美元對法郎貶值40%，對日元貶值50%，對德國馬克貶值20%。

美元再度貶值後，對於美國經濟並沒有助益。1986年美國失業率還是高達7.0%，經濟成長也趨緩，倒是通貨膨脹的情況持續增溫。通膨長期累積數十年之後，到了2008年，全世界的金融體系與貨幣體系受到前所未有的震撼。起源於美國的金融海嘯，讓全世界的人民都警覺到沒有黃金、白銀支撐的貨幣體系有多脆弱，影響的層面有多廣。然而，發生金融海嘯後，美國所採取的做法竟然是計畫性的印製大量紙鈔，也就是所謂

的量化寬鬆。從下列表格中，我們就可以看到近幾年來，美國到底印製了多少鈔票。其實，從第三次量化寬鬆與第四次量化寬鬆是屬於「無限期」，我們就可以知道，紙鈔循環很可能已經來到第三階段的尾聲，貨幣體系重整只是早晚的問題。

　　黃金、白銀一直是貨幣體系中最穩定的中流砥柱，更是經濟動盪時，人民的避風港。在全世界充斥著美元的紙鈔世界裡，美元愈印愈多，通貨膨脹日益嚴重，黃金、白銀價格也隨之水漲船高。然而，我們所看到的黃金、白銀價格其實是刻意壓抑後的結果。黃金、白銀價格就像是評估貨幣系統穩定性的感測計。貨幣系統愈不穩定，黃金、白銀價格就會愈高。為了掩蓋全球貨幣體系的重大問題及全球貨幣不斷貶值的現象，西方國家的中央銀行與銀行家們，必須聯手運用各種方式打壓黃金、白銀的價格。並且不斷宣傳黃金、白銀是沒有價值的、黃金、白銀會阻礙經濟發展，但是，私底下，各國央行與國際銀行家們早就不斷在買進實體黃金、白銀，當作貨幣體系重整時的儲備。美元發行量之多是歷史上前所未有的，散布範圍擴及全世界，也是歷史上從未發生過的。一旦全球貨幣體系同時被迫重整，全球財富重分配的規模，將會超出人類的想像。

歷次美國量化寬鬆實施概況

項目	實施期間	規模（美元）	每月債券購買金額（美元）
QE1	2009年3月～2010年3月	1.55兆	買進560億MBS 買進235億債券
QE2	2009年8月底～2011年6月	6,000億	買進750億債券
OT1	2011年9月～2012年6月	4,000億	買長債賣短債 （相同金額）
OT2	2011年7月～2012年12月	2,670億	買長債賣短債 （相同金額）
QE3	2009年9月起～無限期	無上限，直到就業市場改善	買進400億MBS
QE4	2013年1月起～無限期	無上限，直到就業市場改善	買進450億債券

Chapter 2

白銀為什麼在歷史上總是
扮演貨幣的角色？

人類生存的本質：價值交換

　　人類生存的本質就是進行交易，隨著人類文明不斷地演進，交易的商品或是服務不斷地改變，但是交易的本質卻從來都沒有改變過。在「錢」被發明之前，我們人類是採取「以物易物」的方式進行交易。交換的物品包含：小麥、麵包、穀物、衣服、礦石等等，這些物品在今日統稱為「商品」。如果有一件商品很稀有而且受到大眾的喜愛，那麼這件商品就可以換到很多其他商品。例如，有一家麵包店製造出來的麵包口味獨特，你無論如何都想要買一個麵包來嘗鮮，那麼你就會願意提供更多的商品來交換一個麵包。因此，不同商品之間存在一種交換比例，這個比例會根據市場的供給與需求不斷變動。只要買賣雙方達成協議，交易就可以順利進行。

　　隨著人類文明發展變得愈來愈複雜，可以交易的商品也愈來愈多，甚至「服務」也可以被當成一種商品來交易。為了方便進行交易，因此某些特定地點就開始聚集很多人，每個人帶著自行生產的商品來進行交易，這些特定地點就稱之為「市場」。每個群體都會因為人口數量的不同，而形成規模大小不一的經濟規模，小到個人與個人之間的交易，大到國與國之間的交易，人類無時無刻都在進行交易。

　　但是，以物易物還是存在一些缺點。當買賣雙方在特定市場的特定時間聚在一起時，他們有可能不需要或是不想要對方

的商品，那麼交易的流程就會嘎然而止。所以，人類開始思考如何把生產出來的商品，轉換成另外一種形式，並且可以永久儲存。此外，某些有價值的物品是沒有辦法從一個地方移到另外一個地方的，土地就是其中一個例子。有些商品則是沒有辦法長期保存，例如新鮮的牛奶或是肉品，在經過一段特定時間後，這些商品可能變得一文不值。另外，還有一個問題會造成定價的困難，因為同樣的商品在不同的地方可能會有不同的價值，例如在水源區，由於水資源充足，所以你所擁有的一杯水能換到的物品就比較少，但是，如果你是在缺水的沙漠區，同樣的一杯水，毫無疑問的，你能換到的物品就會非常多。

以物易物會受到時間與空間的限制，因此才促使人類發明了「錢」。不論是因為發明了錢，才促使社會發展愈來愈複雜；還是因為社會發展愈來愈複雜，所以發明了錢。我們唯一可以確定的就是，如果沒有錢，以物易物的本質就不能發揮到極致。

錢的六大特性

一般來說，一件商品要可以被當作「錢」，必須具備以下六大特性：

1. **交換媒介**：錢必須是一種便於攜帶的商品，而且可以用來評估其他特定商品的價值。

2. **市場普遍接受性**：錢必須是一般民眾接受可以做為交

易的工具。

3. **不易偽造**：透過一些簡單方式，就可以明確辨識真偽，避免使用上會發生混淆的情況。

4. **可以長期保存**：不論在任何環境狀態，體積與重量都可以保持一致。

5. **可以被分割且品質一致**：可以被分割為不同單位，而且分割後價值還是維持一致，不能有任何價值的損失。

6. **稀少性**：錢本身就必須是一種可以交易的商品，而且具有很高的內含價值，任何地區的任何人都想要擁有，因此錢必須是很稀少且珍貴的。

只要符合以上六大特性的商品，就是最好的「錢」。如果我們以這六大特性來檢視黃金、白銀，就會發現，黃金、白銀從五千多年前，就開始受到不同國家、不同地區、不同種族、不同文化的人，進行成為「錢」的試煉。經過一連串的長期考驗後，很巧的是，黃金、白銀不約而同地都被選為最好的「錢」。

黃金、白銀本身就是很稀少的商品，所以具有很高的內含價值。黃金、白銀很容易攜帶、切割與計算。黃金、白銀是活性很低的金屬，所以可以長期保存。黃金、白銀具有特殊的化學性質與物理性質，所以很難偽造，因此一般大眾都願意接受黃金、白銀成為可靠的交換媒介。由於黃金、白銀是實際存在

的商品，而且具有很高的內含價值，所以不會受到外在因素影響，而造成價值大幅減少，不論是發生天然災害、金融危機、政治體系動盪等問題，黃金、白銀都可以保障每個人的財富，因此，黃金、白銀才是真正經得起考驗的「錢」。

白銀在貨幣歷史中具有崇高的地位

為了讓人與人之間的交易更方便，人類一直不斷在尋找最適合當「錢」的商品。在石器時代之前，人類曾經嘗試過用小麥、米、貝殼、家畜、石頭等商品當作「錢」來使用。但是這些商品，並沒有完全符合「錢」的六大特性。石器時代結束後，人類進入了使用金屬器具時代，當時，人類發現金屬似乎很適合當作「錢」，而且有大量的基礎金屬，可以馬上用來當作「錢」，人類開始測試基礎金屬適不適合用來當作「錢」。接著銅錢或是銅錫合金做成的錢，開始在交易中流通，可惜的是，這些基礎金屬缺少一個重要的特性，那就是稀少性。黃金、白銀則是符合稀少性這個特性的貴金屬。

大多數人都認為，金光閃閃的黃金，才是唯一的貨幣，白銀只是沒有價值的工業金屬。殊不知，在人類社會演進的過程中，白銀的重要性絕不亞於黃金。諾貝爾經濟學獎得主傅利曼（Milton Friedman）就曾經說過：「**歷史上主要的貨幣金屬是白銀，而不是黃金**」。在國際上五十多種語言中，白銀都是「錢」的同義詞。如果我們仔細檢視「錢」應該具有的六大特

性，白銀正好都完全符合。

　　白銀被當作「錢」來使用的歷史，可以追朔到西元前二十四世紀時的美索不達米亞。白銀是當時通用的支付工具，國王與神廟則制定重量標準（重量單位為彌納），並以碑文公布特定商品換算成白銀後的價值，此外，也針對罰金、利息和工資等項目，列出所需的白銀數量。國王與神廟只在特定情況對白銀進行調節，並沒有進行嚴格的控管，白銀被當作「錢」只是整個社會氛圍下，自然形成的一種現象。

　　到了西元前六世紀，由於古希臘的殖民地馬其頓與色雷斯等地區蘊藏著大量的銀礦，因此古希臘開始製造大量的銀幣，單位為德拉克馬。隨著貿易的發達，古希臘的銀幣開始大量普及到地中海地區，而且銀幣傳播到的地方，立刻就成為該地區「錢」的主要形式。銀幣為古希臘的文明發展建立了強健的經濟基礎。銀幣雖然為古希臘打下強健的發展基礎，但是為了不斷到處征戰，古希臘耗費了過多的財政資源，為了解決這個問題，古希臘人開始稀釋自己的貨幣，這種做法就像是全世界政府近幾年來不斷在做的事──「印鈔票」。過了幾年之後，民眾開始發現貨幣的購買力大幅降低，最後的結果就是國力衰退，然後被羅馬帝國所征服。

　　之後的羅馬帝國在發展的過程中，也鑄造了大量的銀幣，最具代表性的銀幣稱之為「德納留斯」。近代北非、西亞和南歐的某一些國家所使用的貨幣，被命名為「第納爾」，就是

從「德納留斯」的古音演變而來。羅馬帝國初期是沿用古希臘的貨幣體制，經濟發展又重新回到穩定的狀態，但是為了建立龐大的海外帝國，財政體系變得愈來愈複雜，稀釋貨幣的各種技巧層出不窮。雖然以「德納留斯」為基礎的貨幣體系並沒有改變，但是銀幣的成色卻不斷地降低，到了西元260年，新的貨幣「雷迪埃特」取代了「德納留斯」。「雷迪埃特」的面額雖然被提高一倍，銀含量卻不超過2%。十年之後，「雷迪埃特」的價值跌到最低點，銀含量已經低於0.5%。銀幣成色降低，但是戰爭的財政支出卻不斷升高，最後就造成嚴重的通貨膨脹。事實上，羅馬帝國的整個架構已經受到摧毀，大片的土地都已經被接管。

羅馬帝國末期，通貨膨脹的情況不斷加速，對於經濟造成了嚴重的傷害。我們從戴克里先頒布於西元301年的「物價詔令」就可以了解當時的情況。「物價詔令」試圖在羅馬帝國全境，為各種商品及服務項目訂出最高合法價格，詔令中還提到，任何人如果進行比官方公告價還高的交易時，將處唯一死刑。戴克里先的詔令實在是一個嚴重的錯誤，他以為只要把通貨膨脹非法化就可以阻止通貨膨脹的蔓延。

可笑的是，物價管制也是某些現代政治人物喜歡採取的措施，但是西元301年所做出的嘗試與現代的嘗試一樣，都是徒勞無功。人們乾脆不賣手頭上的貨物，不管官方怎麼威脅恐嚇，都抵擋不了通貨膨脹的衝擊。戴克里先發覺到事態的嚴

重，結果更變本加厲地透過稀釋貨幣、增加社會福利、增加公共建設等方式，讓財政赤字加速惡化，最後造成羅馬帝國的崩潰。

　　古希臘與羅馬帝國的例子，都很清楚的告訴我們，透過稀釋貨幣來拯救經濟，最後只會造成經濟崩潰，類似的模式，在各個國家的歷史中不斷重複發生，唯一不變的是，經濟結構會重組，財富重新大分配，而且沒有一次例外。我們所熟知的**量化寬鬆政策其實就是稀釋貨幣的措施，各種拯救經濟的政策，也都只是讓財政赤字更加嚴重，貨幣體系循環的週期又來到了關鍵的轉折點。**

　　羅馬帝國崩潰之後，西方國家開始進入中世紀。當時，每一個具有規模的王國，都開始鑄造自己國家的金幣、銀幣。國家之間或是王公貴族之間的大額交易主要使用金幣，一般人民之間的交易則是使用銀幣。

近代白銀貨幣史

　　白銀在全世界被當作「錢」使用的歷史最早可以追朔到將近五千年前，一直到上個世紀，白銀都還是全世界流通的貨幣。白銀價格在十九世紀大部分的時間裡，都被固定在每一盎司銀幣價格為1.29美元。

　　開採白銀的第一次大變革是在1492年，由於發現了祕魯、玻利維亞、墨西哥的礦藏，以及技術的提升，白銀的產量得

以倍增。開採白銀的第二次大變革則是在1876年，開採白銀的技術在這個時間點又有了重大的突破，且在澳洲、加拿大、美國、非洲等地又持續發現大量的礦藏，白銀的產量又增加了數倍。白銀貨幣開始湧向全世界。

白銀貨幣歷史的另外一個關鍵點在1930年代的美國大蕭條時期，當時百業蕭條，經濟面臨了嚴重的緊縮。白銀價格不斷下跌，到了1933年，白銀價格跌到谷底，每盎司白銀25美分。然而，1933年的「湯瑪斯法案」允許外國債務人可以用每盎司銀幣50美分的價格來償還美國債務，這個價格是官方價格的兩倍，白銀很快的在全世界變得非常搶手。1933年底，每盎司白銀價格升到了44美分，與大蕭條時期的低點相比，上升了75%。雖然白銀價格上升到與「湯瑪斯法案」公布的價格很接近，但是並沒有完全一致，銀幣在貨幣的功能性上仍然有一些混淆。

第二次世界大戰爆發後，白銀在人們心中的形象大幅轉變，白銀的貨幣屬性重新綻放光芒，從那段期間開始，白銀又重新成為人人爭相擁有、具有抗通膨能力的保值貴金屬貨幣。其實，在第二次世界大戰爆發之前，白銀貨幣就受到另外一個法案的影響，而有了重大地調整。

1934年的「白銀收購法案」指示美國財政部要大量地在國內外市場購買白銀，直到白銀價格與官方價格每盎司銀幣1.29美元一致為止。接下來的四年，美國總共取得了32億盎司的白

銀，美國白銀總儲備提升到了60多億盎司。由於美國政府具有大量的白銀儲備，讓白銀與紙鈔之間的自由兌換提供了可能性。

　　為了保護自己的財產，美國民眾從1940年代開始，就不斷地用紙鈔換成銀幣或銀條，當作家庭白銀儲備。但是，第二次世界大戰後的幾任美國總統，為了保持經濟的持續成長，採取了人類歷史上不斷重複的錯誤決策，那就是透過「印鈔票」來製造「通貨膨脹」。無法被大量生產的白銀，當然就被這些總統們視為眼中釘。

　　從1934年到1955年，美國財政部的官方價格還是高於實際的市場價格。但是，1955年之後，由於白銀使用者，在相片領域與電子產品領域有大量的需求，這些白銀使用者開始向本土礦商與財政部購買白銀，白銀的市場價格開始超越財政部的官方價格。1960年代時期，美國財政部的白銀儲備銳減至19億盎司。當時的美國總統甘迺迪也因為是否要廢除白銀的貨幣地位，與銀行家們展開了激烈鬥爭。1963年6月4日，甘迺迪總統簽署了一份鮮為人知的「11110號總統令」，命令美國財政部發行白銀券，將白銀視為最佳貨幣。這種做法，很明顯地觸犯了「銀行家們」的利益。將近半年後，甘迺迪總統就遇刺身亡。

　　甘迺迪總統身亡後，1965年就提出了「鑄幣法案」送交國會審查，1965年3月，當時的美國總統強森就下令，美國財政

部停止白銀券的使用以及實體白銀的兌換，並且開始向工業領域拋售白銀。一年後，他又下令稀釋銀幣純度，兩年之後，美國財政部幾乎沒有多餘的白銀可供銷售。白銀的貨幣地位漸漸地被購買力不斷下滑的紙鈔所取代。

輝煌的白銀帝國

白銀在西方國家的貨幣歷史中具有不可抹滅的神聖地位，但是，一旦談到白銀，就**絕對不能忘記「中國」這個白銀帝國。中國從數千年前開始直到最近一百年，貨幣體系主要都是實行「銀本位」**。中國人平常的用語中，一旦提到「銀子」、「銀兩」、「銀行」、「銀樓」等名詞，我們都會聯想到財富的象徵，這些用語一再地證明了，中國人的歷史與白銀長期以來具有密不可分的關聯。雖然最近幾十年來，我們淡忘了白銀身為貨幣時的榮耀，但是，卻沒有辦法掩蓋白銀是最佳貨幣的本質。

西元847年到858年，唐宣宗當政時期，為了讓人民交易更方便，蘇杭地區就出現了「銀行」，人民可以在銀行裡兌換到白銀。宋朝時期，在現在的南京附近，更出現了大量的銀行，各家銀行聚集在一起形成的區域，猶如現在的華爾街。由此可見，白銀在當時的普及度非常高。到了1904年，清朝的光緒皇帝創辦了中國歷史上第一家的官方銀行。

雖然，白銀在中國歷史上一直被當作貨幣使用，但是直到

明朝末年，白銀才取得合法的貨幣地位，成為大量流通的主要貨幣。明朝初年，官方還發出禁用白銀的命令。但是，在民間，官方禁令並沒有阻止白銀的流通。當時，掌控民生物資的商人們，手上也握有大量的白銀，他們當然希望自己手上的白銀可以當作貨幣來流通，因此，隨著市場交易的熱絡，白銀流通變得更加普遍。從1436年明朝英宗朱祁鎮廢除禁銀令開始，直到1935年以紙鈔取代白銀的民國時期，白銀廣泛流通的時期長達五百年，這五百年期間就是中國歷史上繁榮的「白銀帝國時期」（1436年到1935年）。中國歷史上許多經典名著中，記載著當時生活的許多細節，從日常生活到婚喪喜慶，都離不開白銀。

到了清朝，白銀更是成為流通性最高的貨幣，上至王公貴族，下至平民百姓，無不使用白銀進行交易。而且，白銀當時的價值遠比現在高的多，當時黃金、白銀的價格比為 8：1，也就是 1 盎司黃金可以換到 8 盎司白銀。而2012年，黃金、白銀價格比為50：1，白銀當時的價值比現在至少高出六倍以上。白銀的流通雖然支撐了中國的發展，但是，也見證了中國國力的衰敗。鴉片戰爭之後，中國與列強的戰爭幾乎都是以戰敗收場，每一次戰敗的結果就是割地賠款。因此，造成大量白銀外流，這對於一個銀本位的國家而言，經濟毫無疑問地會受到重創。

誠實貨幣與信用貨幣的戰爭

回顧貨幣歷史，黃金、白銀毫無疑問的是穩定經濟發展的中流砥柱，黃金、白銀也是經過數千年來無數考驗，最符合貨幣功能的誠實貨幣。近幾十年來，真正了解黃金、白銀的投資者，早就開始警告全世界所有的民眾，信用貨幣的體系是多麼的脆弱，對於世界經濟的影響又是多麼的巨大。現在的貨幣背後幾乎沒有任何實質的黃金、白銀支撐，支撐貨幣的只是薄薄的一張紙還有國家的信用，也因為如此，當國家缺錢的時候，中央銀行只須打開印鈔機，瘋狂地印錢。最近這幾年，普遍應用數位貨幣，要創造貨幣就更加容易了，只須在鍵盤上多輸入幾個數字，透過銀行系統轉帳，每個國家帳面上都可以看起來很有錢。人們通常稱黃金、白銀為最安全穩定的貨幣型態，這是因為黃金、白銀是有限的，而且沒有辦法被任意複製，當然，也不會像紙鈔一樣不斷地貶值，直到完全沒有價值。有關貨幣體系的問題，以及黃金、白銀與貨幣的關係，在這幾十年來，早就被一般大眾所遺忘。

很多黃金、白銀的批評者經常指責，黃金、白銀對於經濟的發展來說是不切實際而且過時的，他們所持有的理由是認為黃金、白銀的供給會限制貨幣的流動性，並造成一個國家不能很有效率地花錢。還記得2011年美國政府發生過財務問題而面臨倒閉危機嗎？一般大眾總是要等到發生重大危機時，才願意

正視問題，但通常是為時已晚。美國政府可能倒閉所代表的意義是當政府倒閉時，由政府信用所支撐的貨幣可能變成一文不值，進而必須重整國家的貨幣體制，才可以讓國家重新運作。近幾十年來，美國政府面臨財務問題時，採取的做法通常是印鈔票增加流動性，這種做法就像是飲鴆止渴，不斷地延後解決財務問題，財務問題當然也是愈滾愈大，當問題大到不得不靠貨幣體制重整才能解決問題的時候，大部分的民眾都會經歷一段痛苦且漫長的重整期。

　　很多批評黃金、白銀的人似乎不了解，黃金、白銀的供給有限其實是一股穩定的力量，而不會造成衰退，穩定的誠實貨幣系統讓你在工作時，可以好好地規畫要存多少錢才可以退休，因為誠實貨幣系統可以讓貨幣的購買力維持一致。黃金、白銀被當作貨幣來使用已經超過五千年以上，但是，完全由美國信用所支撐的美元當作貨幣，是到1971年美國總統尼克森宣布脫離金本位之後，才正式展開。美國聯邦準備理事會成立於1913年，從1870年到1914年這段古典金本位的時代，美國在工業上的發展還是有很大的突破，所以宣稱金本位會限制經濟發展的說法其實是不合理的。

　　事實上，在1870年到1914年這段期間，由於科技創新提升了生產力，人民生活品質提高了，而且失業率完全沒有增加。甚至連聯準會前主席葛林斯潘都曾經強力捍衛金本位，葛林斯潘曾經說過：如果沒有金本位，就沒有辦法避免政府透過通貨

膨脹剝奪人民的存款，也沒有辦法找到另外一個儲存價值更好的方式。

如果只有黃金是最好的價值儲存方式，那麼政府一定會用盡各種手段來增加它的儲備。例如，當每個人都決定要把他們的存款轉換成黃金、白銀或是其他任何商品時，就會造成每個人開始拒絕收鈔票當作購買商品的付費方式，銀行存款就會失去購買力，而政府所提供的信用保證也會變得毫無價值，而無法換到任何商品。政府所提供的福利政策將完全無法保障人民。這就是為什麼倡導福利政策的當權者會全力貶低黃金的價值。黃金、白銀的存在就是要避免剝奪人民財富的情況會發生。黃金、白銀就是財產的保護者，如果大家可以了解這點，那麼也可以了解為什麼很多當權者要費盡心思抵制金本位。

有許多黃金、白銀的批評者經常提起的另外一種論述是：黃金、白銀的價值只是一種假象，他們認為黃金、白銀之所以有價值是因為人們相信它是有價值的。這種說法其實不太正確，我們在之前介紹錢的六大特性時，就有提到錢必須具有稀少性，黃金、白銀的價值是建立在它的稀少性及不可複製性，因此幾千年來，黃金、白銀才會被人類當作是儲存價值的終極媒介，真正的貨幣。

相對的，紙貨幣的價值才是一種假象，它沒有稀少性，沒有內含價值，而且可以不斷地被複製，紙鈔的價值完全建立在信用之上。許多不了解黃金、白銀的人，用來批評黃金、白銀

的理由，通常都剛好是紙貨幣的缺點，而這些缺點，對於實體黃金、白銀而言，是不存在的。在全世界，只要是可以自由貿易的市場，就會需要貨幣，而黃金、白銀或是以黃金、白銀做為支撐的貨幣，是唯一一種穩定而且經得起歷史考驗的貨幣。

銀行家為什麼要壓低黃金、白銀價格？

很多黃金、白銀的投資者會跟一般大眾爭論，紐約商品交易所的黃金、白銀交易是不是被少數的銀行家所操控。商品期貨交易委員會的職責，就是監督紐約商品交易所的每一筆交易有沒有不當操控的行為。實際上，每當商品期貨交易委員會介入調查之後，被指控操縱黃金、白銀市場的案件通常都是不了了之，也沒有公布進一步的調查結果，而這些指控者通常就會被一般大眾稱之為陰謀論者。然而，黃金、白銀的交易到底是不是被少數銀行家所操控，只要深入了解黃金、白銀市場的運作方式，就可以發現操控的情況是很有可能發生的。

很多人搞不懂，為什麼全球主義者和西方國家的中央銀行要想盡辦法把黃金、白銀維持在很低的價格？答案其實很簡單，全球主義者信奉中央集權的哲學，也就是說，他們相信全世界的人類、政治、經濟都應該被一小群的精英分子來掌控，而採取的步驟是先剝奪一個國家的經濟掌控權，接著剝奪一個國家的政治統治權，就可以達到建立全球單一國家的目的。

為了達到掌控經濟的目的，全世界的中央銀行必須建立

法定貨幣系統。完整的法定貨幣系統可以讓中央銀行輕鬆地操控一個國家的經濟，不論是要讓一個國家的經濟成長或是崩潰都輕而易舉。透過限制法定貨幣的流動性，就可以產生通貨緊縮，相反的，如果增加法定貨幣的流動性，就可以製造通貨膨脹，利用以信用為基礎的系統，他們可以隨意的製造泡沫，就像美國聯邦準備理事會製造房地產泡沫一樣。

　　基本上，在法定貨幣的基礎下，數百萬數千萬人民的生計是由少數的人所把持。如果貨幣是由硬資產，如黃金、白銀所支撐，控制法定貨幣流向的能力就會被大大削弱，當然也就不可能隨意控制經濟的走向。那些全球主義者都知道黃金、白銀是與法定貨幣相抗衡的，所以他們想盡辦法操控黃金、白銀的價格，藉此維持法定貨幣系統。

　　把黃金、白銀控制在很低的價格，全球主義者就可以讓一般大眾相信黃金、白銀只是一種商品，而且這種商品非常的不穩定，非常的不可預測，非常的不安全。一般大眾只會把黃金、白銀當成製造珠寶或是電路版的材料，而從來都不認為黃金、白銀就是真正的錢。許多經濟專家誤認銀行純粹是為了賺取更多的利潤而操控市場，事實上，掌控了一個國家的經濟，就可以間接掌控國家的政治，進而掌控所有的人民。黃金、白銀可以提供一個完全獨立且不易被操控的貨幣系統，因此，全球主義者總是努力地想要控制黃金、白銀市場。

操縱白銀祕辛

操縱白銀的情況可以追溯到1983年初期，當時，商業性交易商認為他們有信心可以在紐約商品期貨交易所，賣出任何數量的賣空契約給靠著技術線形操作的投機者。商業性交易商發現，靠著技術線形操作的投機者從來都不會要求拿到實體白銀，他們只會以不斷喪失購買力的紙鈔進行結算，這對於資金雄厚的商業性交易商而言，真是一大喜訊，透過手上充裕的資金，輕易地就可以控制買賣訊號，並影響白銀價格。

操縱的本質一直到現在都沒有改變。一定要謹記在心的重點是，不論白銀操縱已經進行了多久，一旦終止時，會非常快速。這就是為什麼要盡早把白銀納入投資組合的主要原因。

操縱白銀價格需要非常龐大的資金，因此，背後通常都是由數家大型商業性交易商所主導。沒有財力雄厚的大型商業性交易商撐腰，就無法長期操縱白銀價格。在過去三十年來，就有一群大型商業性交易商握有大量的白銀期貨空單。因此，操縱白銀史可以說是大型商業性交易商調節白銀期貨空單的歷史。

1983年，紐約商品期貨交易所最大的白銀空單持有者是德崇（Drexel Burnham Lambert）證券，德崇證券倒閉後，營運業務被美國國際集團（AIG）接管。2004年左右，最大的白銀空單持有者是貝爾斯登銀行（Bear Stearns Bank）。到了2008

年，摩根大通銀行併購貝爾斯登銀行後，成為最大的白銀空單持有者。

可笑的是，美國商品期貨交易委員會，在貝爾斯登銀行倒閉之後幾個月，發表了一篇報告，報告中宣稱紐約商品期貨交易所的主要白銀空單，都集中在少數交易商手上是完全沒有問題的。但是，不可否認的，貝爾斯登銀行在白銀空頭部位就損失了10億美元，這項龐大的損失就是讓貝爾斯登銀行倒閉的原因之一。

另外一位有名的賣空者是股神巴菲特，很多人都只知道巴菲特曾經買進很多白銀，但是在很便宜的價格時就全部脫手。實際上，巴菲特在1998年時就透過他的公司波克夏海瑟威買進了1億3千萬盎司的實體白銀，另一方面，卻透過紐約商品期貨交易所布局大量的空單，到了2005年底，由於嘎空的壓力，最後迫使巴菲特認賠出場，也失去了手中所持有的實體白銀。

雖然，不確定白銀操縱什麼時候會結束，尤其是這些大到不能倒的銀行，對於政府甚至是監管單位，都具有非常大的影響力。但是，白銀的貨幣屬性以及供給需求的基本原則，是永遠不會被抹滅的。人類的經濟終究是要回歸到實質面，而不是由紙鈔堆積出來的金融幻覺。短期間之內，大型金融機構的確有能力扭曲白銀的真實價格，但是，一旦白銀覺醒時，反彈的力道將會非常地猛烈。

白銀市場操縱手法

操縱白銀市場主要有兩種方法。這兩種方法都需要極大的資本才可以執行，然而，對於銀行家而言，這完全不是問題。第一種方法牽涉到稍微難懂一點的投資策略——賣空，第二種方法牽涉到紙白銀的發行。以下就讓我們來深入解析這兩種方法。

賣空是一種合法的投資策略，只要你有足夠的資本再搭配賣空的策略，就可以控制整個市場的價格。

簡單來說，賣空對於一般的投資者就是賭某種商品的價格會下跌。例如，假設有一個投資者想要在白銀 1 盎斯20美元的價位，賣空10盎司的白銀，這名投資者就會從中間人或是第三方的單位借來10盎司的白銀。借到白銀之後，這名投資者就可以在市場上賣掉他借來的所有白銀，並得到200美元，然後這名投資者就開始希望白銀的價格可以在他要歸還白銀的期限前不斷下跌。現在，假設白銀的價格降到了每盎司10美元，當他必須把白銀歸還給第三方單位時，他只須花100美元就可以買到他當初借的10盎斯白銀。這名投資者除了歸還了所有的白銀之外，還多賺了100美元。

賣空是股票市場上很重要的投資工具，透過賣空，投資者可以規避市場忽然下跌的風險。然而，很多大型銀行進一步扭曲這個投資工具，而產生了一個新名詞——**裸賣空**。

　　裸賣空的意思是某家銀行賣了某種資產，但是這家銀行從頭到尾都沒有擁有這種資產。例如，當摩根大通銀行透過裸賣空賣出了大量他們根本沒有擁有的白銀，這會造成市場上的投資者誤認白銀的供給量非常大。因為投資者誤認白銀的供給量大於實際的需求量，而促使白銀的價格大幅下滑。

　　這樣的行為對於市場心理產生了引導的力量。當極大量的賣空部位出現在市場上時，會讓其他的投資者認為市場要下跌了，因此也跟著賣出，而造成一連串的連鎖效應，進一步造成價格下跌。在效果上，市場價格真的因為賣空的預期心理而真正下跌了。事實上，摩根大通銀行在2008年的時候就透過裸賣空的手法，造成了白銀價格跌了一半。

　　就白銀來說，透過裸賣空的操作似乎是一個很明顯的犯罪行為，因為向銀行購買白銀的投資者最終會希望能拿到實際的白銀。當銀行的手中都沒有白銀時，這很明顯的就犯了詐欺罪，對吧？

　　實際上，並不是如此。問題主要是在於紐約商品交易所，在交易所裡，大部分的白銀都是以契約及衍生性金融商品（存摺、撲滿、期貨、期貨選擇權、基金）的方式在交易。這些契約的背後應該要有對等數量的白銀，但是實際上，白銀通常只存在於電腦螢幕上。

　　這就是第二種操控白銀市場的方式——**紙白銀及衍生性金融商品**。令人遺憾的是，現今市場上大部分的白銀交易很少牽

涉到實體的白銀。大部分的白銀交易都是透過契約的方式在電腦上完成。這造成了像是摩根大通這類的銀行們有很大的空間可以操縱價格。這些銀行在做的就是憑空產生出白銀契約，這就像是中央銀行憑空創造出法定貨幣一樣簡單。這些白銀契約就被其他的投資者誤認成真的白銀在交易，並且造成了市場上有很多白銀可以交易的假象，而壓低了白銀的價格。大銀行手上只要持有少部分的實體白銀，避免少數人無法領取的狀況發生，這種操縱的手法就可以繼續的玩下去。

這種操縱手法的關鍵點在於大部分的投資者不會把他們買的紙白銀換成實體的白銀，但是，如果大部分的投資者把紙白銀換成實體白銀時，會發生什麼事？

雖然上述內容是在介紹操縱白銀的手法，但是銀行家操縱黃金的手法也是如出一轍。各種黃金契約及衍生性金融商品，如黃金存摺、黃金撲滿、黃金期貨，背後也都沒有足額的黃金準備。

白銀操縱案調查

白銀市場被操縱的情況，最早是由知名白銀分析師泰德・巴特勒（Ted Butler）所揭露。巴特勒從1971年開始就在美林證券擔任商品期貨交易員的工作，他發現實體白銀雖然供不應求，但是銀價卻沒有上漲的奇怪現象。經過深入調查以及他對於商品期貨交易的多年經驗，他觀察到市場上賣空白銀的數量

遠大於實體白銀的供應量,而且大部分的白銀空單都是集中在少數金融機構手上。因此,他開始向美國商品期貨交易委員會報告白銀市場操縱的情況。初期,相關單位對巴特勒的指控完全不理會。但是,經過巴特勒長期地努力,美國商品期貨交易委員會終於在最近幾年對操縱案展開調查。

美國商品期貨交易委員會主要是針對2008年3月到2008年10月之間,白銀期貨價格跌幅遠大於黃金期貨價格跌幅的怪異現象,進行調查。2008年這段期間正好就是貝爾斯登銀行倒閉的時期。2008年3月14日,白銀價格連續上漲將近一個月後,貝爾斯登銀行帳上損失已經超過10億美元,由於已經沒有足夠的現金繼續打壓銀價,一旦被迫平倉,損失將會繼續暴增,進而引發白銀價格暴漲、美元暴跌的情況。因此聯邦準備銀行緊急透過摩根大通銀行,對貝爾斯登銀行進行貸款,但是貸款風險由聯邦準備銀行承擔。雖然得到短期緊急貸款,但是貝爾斯登銀行還是難逃倒閉的命運,而被摩根大通銀行併購。

摩根大通銀行併購貝爾斯登銀行後,又重新展開了打壓白銀價格的行動。從2008年3月14日開始,白銀價格突然暴跌。三天之內,白銀價格從每盎司21美元跌到每盎司17.5美元。然後,摩根大通銀行和匯豐銀行還共同打壓銀價,2008年8月,白銀淨空頭的部位中,就有85%是由這兩家銀行所持有。2008年8月15日,銀價跌破13美元,到了2008年10月底至12月初,銀價跌到每盎司9美元左右。

　　2008年底，兩位白銀期貨交易員布萊恩與彼得向曼哈頓聯邦法院提起訴訟，指控摩根大通銀行與匯豐銀行密謀聯手打壓白銀期貨價格。在這兩位交易員的訴訟資料裡，直指摩根大通銀行與匯豐銀行從2008年3月起，就開始透過互相通報大額交易的方式操縱白銀市場，並發出詐欺交易指示來壓低白銀期貨價格。而這兩位交易員手中握有的關鍵證據，就是2008年8月期間，摩根大通銀行與匯豐銀行合計持有約85%的白銀期貨空單，造成市場壟斷。

　　然而，到了2012年底，歷經四年的調查，美國商品期貨交易委員會的調查結果卻是，儘管這兩家銀行在個別交易日的白銀期貨交易的確存在「不正常現象」，但是，上述證據還不足以證明摩根大通銀行與匯豐銀行有操縱白銀期貨價格的跡象，因此，還必須進一步調查分析。儘管美國商品期貨交易委員會還沒有正式確認調查結果，但白銀期貨操縱案很可能就此不了了之。

Chapter 3
白銀的供給與需求

白銀三大供給來源

從下頁表格一的白銀供給表中，可以看出白銀主要的供給是來自於三部分：（1）銀礦；（2）政府售出；（3）回收銀。其中，佔供應比例最高的是銀礦，比例大約在70%左右。全球有三分之二的銀礦都是與銅、鉛、鋅、黃金等礦床伴生的，剩下三分之一才是以白銀為主的銀礦床，未來有一大部分的白銀供給會來自於基礎金屬的礦床。銀礦2011年的產量與前一年相比上升了1.4%，主要的貢獻都是來自於黃金、鉛、鋅等礦床。

如下兩頁表格二所顯示，墨西哥是2011年全世界最大的白銀生產國，接下來分別是祕魯、中國、澳洲及智利。相較於2010年，因為銀礦品質下降，全球主要生產國的產量已經開始稍微下降。

由於銀礦的供給量與白銀的製造業需求量相比，每一年都有短缺，所以礦商不斷地在探勘銀礦，並持續開採。2010年銀礦的供給量能成長的原因，就是因為幾年前墨西哥及阿根廷所執行的開採計畫，未來，礦商將按照規畫好的開採計畫，持續在各國開採銀礦。

從銀礦的供給量可以看到，每一年的供給量都有1%～2%的成長。然而，銀礦未來將面臨最嚴重的問題是，根據2011年的開採量2.37萬噸及美國地質調查研究所推估的全世界銀礦可

開採儲量約53萬噸來計算，大約二十二年後，所有的白銀都會開採完畢，這就表示白銀將會是全球最先被開採完畢的金屬。

雖然二十二年後白銀才會全部被開採完畢，但是，隨著開採年限不斷地減少，具有經濟效益的銀礦將會最快被開採完畢，開採銀礦的成本也將隨之上漲，未來便宜的白銀將不復見。

表格一：全球白銀供給								單位：百萬盎司	
年分	2003	2004	2005	2006	2007	2008	2009	2010	2011
銀礦	597.2	613.6	636.6	641.1	665.9	683.6	716.1	751.4	761.6
政府售出	88.7	61.9	65.9	78.5	42.5	30.5	15.6	44.2	11.5
回收銀	196.0	197.4	201.6	206.0	203.0	200.9	200.0	228.7	256.7
生產者避險	—	9.6	27.6	—	—	—	—	50.4	10.7
總供給量	881.9	882.4	931.7	925.6	911.4	915.0	931.7	1074.7	1040.5

資料來源：白銀協會

	表格二：2011年白銀生產國排名	單位：百萬盎司
1	墨西哥	152.8
2	祕魯	109.8
3	中國	103.9
4	澳洲	55.2
5	智利	42.1
6	波蘭	40.8
7	俄羅斯	40.0
8	波利維亞	39.0
9	美國	36.0
10	阿根廷	22.6
11	加拿大	19.1
12	哈薩克斯坦	17.6
13	印度	11.0
14	土耳其	9.4
15	瑞典	9.1
16	瓜地馬拉	8.8
17	摩洛哥	7.3
18	印尼	6.0
19	伊朗	3.5
20	巴布亞新幾內亞	3.0

資料來源：白銀協會

白銀產量達到高峰值了嗎？

近十年來，對於商品的供應量是否已經達到高峰值的爭議，依然爭論不休，而且有關這件事的討論跟2000年以來商品價格不斷上升的事實可能不是個巧合。然而，有關資源匱乏的討論早已不是新聞。近幾十年來討論這個議題的書籍與研究報告不計其數，直到現在都還是有人在爭論這個議題。不管你同不同意資源匱乏的觀點，你必須承認不斷增加的需求最後會呈現指數型的上升。另外，有關於高峰值這個名詞，不代表我們會用光某一種資源。它通常是表示某一種資源的生產速度沒辦法跟上人口成長或是經濟成長的速度。

以貴金屬來說，對於黃金產量高峰值的這個議題已經被討論的沸沸揚揚。它被討論的次數遠大於白銀產量高峰值的議題。原因在於，原本在20世紀末黃金產量的增長速度都維持在2%～4%，但是近十年來，黃金產量的增長速度已經無法維持在2%～4%。

另一方面，銀礦產量的增長速度，從20世紀中期一直到現在都還是保持在2%～4%。因此，以目前的情況來說，要達到白銀產量的高峰值還需要一段時間。

從歷史的觀點來看，黃金產量達到高峰值的情況，不一定是永久的現象。會這樣說是因為，在1930年代到1950年代，黃金的產量曾經度過一段停滯期，根據美國地質調查研究所的

資料，在那個時期，黃金產量一直維持在每年大約1,000噸到1,400噸，直到1950年代末期，產量才開始增加。所以，儘管我們現在不能100%確定，黃金產量已經達到高峰值了，但是黃金產量有可能經歷一段非常非常長的停滯期。

就白銀的例子來說，在17、18世紀，白銀的產量也曾經經歷一段黑暗期，這段期間，白銀的產量其實是下降的。雖然，最後，白銀的產量又開始增長了，但是在那段時間，好幾代的歐洲人卻經歷了銀礦產量完全沒有增長的日子。也就是說，那些人，其實經歷了一段白銀產量達到高峰值的日子。在未來，對於白銀的產量會不會再次達到高峰值的情況，我們必須考慮許多因素。以下列出八個因素，在未來可能會導致白銀產量達到高峰值。

一、能源價格上升及原礦品質下降

許多研究報告都提過，能源價格與採礦之間的關係，對於礦業公司的營運而言，能源價格上升及原礦品質下降，造成了它們必須付出更高的成本，去開採銀含量愈來愈少的礦石，也就是從採礦所得到的白銀，如果沒有漲到一定的價格，就根本不值得去開採。除此之外，如果你相信石油產量會達到高峰值，且慢慢地開始下降，那就更加確定了，未來開採白銀時的成本，只會繼續向上攀升。另外，根據許多礦業公司的報告，銀礦的白銀含量愈來愈低，地殼上的白銀愈來愈少，開採白銀

所需要的機械設備及人力資源也愈來愈高。

二、新礦的發現愈來愈少

根據礦業公司的報告，開發新礦區的高峰大約是在1980年代中期，然而，現在開發新礦區的數量與當年相比，已經下滑超過60%。雖然科技愈來愈發達，但是，未來，要開發新礦區的難度卻愈來愈高了。這個情況其實跟石油很類似，要在全世界找到另外一個可取代沙烏地阿拉伯的巨大油田，是非常困難的。新礦區的開發愈來愈少，這也造成許多人開始懷疑，如果我們只是繼續開發舊礦區，銀礦的生產還能維持多久？墨西哥及玻利維亞的某些舊礦區已經開採了差不多五百年。

三、白銀產量受到銅價、鋅價、鉛價及金價的影響

全世界白銀的產量只有20%～30%是來自於銀礦，剩下的產量都是來自於鉛礦、銅礦、鋅礦及金礦的副產品。事實上，近幾十年來，全世界最大的白銀生產礦商是必和必拓（BHP BILLITON），而這家礦業公司的主要業務其實是開採鋁礦、各種基礎金屬、石油或瓦斯。根據金田礦業服務公司（GFMS）的統計資料，25%的銀產量是來自於銅，35%的銀產量是來自於鉛和鋅，10%～15%的銀產量是來自於黃金。

我們只要觀察2008年白銀產量的變化，就可確認白銀產量受到銅價、鋅價、鉛價及金價影響的事實。就在2008年金融海嘯期間，白銀總產量還維持大約2.5%的增長，但仔細分析總

產量的來源，可以清楚了解到，當年，純銀礦的產量快速上升，然而，從銅礦、鉛礦、鋅礦及金礦所開採出來的白銀產量是下降的。從以上的例子可以知道，當我們遇上經濟衰退，而造成基礎金屬價格下跌的時候，我們沒辦法奢望可以靠開採基礎金屬所得到的白銀，來滿足快速上漲的白銀投資需求。

四、白銀儲量增長速度趨緩

根據美國地質調查研究所的統計，在1960年代，全世界大約有55億盎司的白銀可開採儲量。那個時侯，白銀的價格大約是 1 美元。當然，新的白銀礦區還是有可能被探勘出來，但是，由於新銀礦的品質愈來愈低，如果白銀的價格沒有上升到一定的價格，礦商就不會去開採。到了2011年，據統計，白銀的可開採儲量來到約170億盎司。從價格和儲量的變化，可以觀察到，白銀的價格上升了三十倍，但是儲量只增加了三倍。在最近這十年，白銀每年價格增加20%，但是儲量也只增加 7%。從礦商的角度來看，價格不斷上升，他們應該繼續開發更多的礦區，來確保他們未來有足夠的產能供應需求，並賺取利潤。

深入研究後發現，為什麼價格上升的比率和儲量上升的比率有這麼大的差距？主要原因是開發新礦區愈來愈困難，而且新礦區的銀礦品質愈來愈低，另外一個原因是需求上升的速度比供給上升的速度更快，而造成價格不斷上漲。所以，不是礦

商不願意繼續探勘新的礦區，而是他們已經竭盡所能去探勘新礦區，卻只能維持每年 7%的成長速度。

只要供給需求依然維持在不平衡的狀態，未來白銀的價格只會繼續向上攀升。跟所有的金屬比較，白銀的可開採儲量跟它的需求相比，白銀會是全世界最快被消耗完的金屬。

五、地緣政治的不穩定

根據美國地質調查研究所的資料，2005年到2010年全世界的白銀可開採儲量大約增加24萬噸，其中，有三個國家就佔了近70%，這三個國家分別是：祕魯的可開採儲量增加約8.4萬噸，智利的可開採儲量增加 7 萬噸，玻利維亞增加約1.8萬噸。其中，墨西哥這個原本是白銀生產大國的國家，這五年之間完全都沒有增加可開採儲量，墨西哥的可開採儲量一直都維持在3.7萬噸，另外一個曾經是白銀生產大國的美國，可開採儲量更是從1995年的3.1萬噸降到2010年的2.5萬噸。

所以，根據上述數據，白銀可開採儲量的增加是很不平均的。值得我們注意的是，白銀可開採儲量的增加主要是集中在少數幾個國家，而這幾個國家的政治環境是很不穩定的。也就是說，這幾個國家是很有可能因為政治因素，而中止白銀的開採計畫，那麼白銀的供給量就會快速下降。

從上述分析，我只是點出了白銀生產國家對於白銀的供給也會產生很大的影響，這些國家的不穩定是會造成供給快速下

降的。當然，撇開這些國家的政治因素不談，白銀稀少性的事
實還是無可抹滅的。

六、根據歷史數據，銀礦開採的增長速度已經過了　高峰期

許多經濟史的學者指出，銀礦開採的增長速度早在15世
紀就已經達到高峰期，那個時期正是西班牙佔領墨西哥及祕魯
的時期。在15世紀，銀礦的產量從100萬盎司暴增了十五倍到
1,500萬盎司，換算成年增率大約是12%。在1860年到1940年這
段期間，銀礦的產量從3,500萬盎司增加到了2.75億盎司，換算
成年增率大約是8%。但是，在1940年之後，銀礦的增長率大
幅下降，年增率大概只有2%～4%。另外，根據五百年來的歷
史資料，墨西哥、祕魯及玻利維亞一直是全世界排名前幾名的
白銀生產國。

七、白銀年產量與黃金年產量的比值已經開始下降

根據統計資料顯示，歷史上白銀年產量與黃金年產量的比
值最高點並不是在15世紀，雖然那時候的比值高達25。但是在
1885年到1930年這段期間，由於開採技術突飛猛進，白銀年產
量與黃金年產量的比值在1890年高達40，一直到1930年，比值
都還是維持在30。

雖然19世紀初，大量的白銀被開採出來，但是在1940之
後，隨著白銀被廣泛運用在工業上，直到現在，已開採出來的

白銀與當時相比，已經減少非常多。而且白銀年產量與黃金年產量的比值，在2010年已經降到 9 。這個數字，又再次說明，白銀產量的增長速度已經減緩了。

八、白銀數量與全球人口的比值已經開始下降

根據貴金屬研究機構CPM集團所整理的資料，在1490年，哥倫布發現新大陸的時候，已經被開採出來的白銀大約有32.5億盎司。而那時候全世界有 4 億人，平均一個人大概可以分配到 8 盎司的白銀。在15、16世紀，雖然全世界的人口增加了，但是白銀的產量也跟著增加，在那段期間，平均每一個人可以分配到的白銀數量是 8～10盎司。在17世紀，全世界已經開採出來的白銀大約有40億盎司，但是全世界人口增加的速度更快，那時候，全世界約有 6 億人，平均一個人分配不到 7 盎司的白銀。到了現在，全世界有70億人口，白銀已開採出來的數量大約是280億盎司，這其中還包含各種用在工業、珠寶等所有的白銀的總數，其實這些白銀大部分都是很難回收的，就算以這麼寬鬆的方式計算，平均一個人也只能分到 4 盎司的白銀，如果以全世界的銀幣、銀條及銀器約14億盎司來計算，平均一個人只能分到0.2盎司的白銀。

白銀三大需求

從表格三的全球白銀需求表中可以看出，白銀主要的需

求來自於三部分：（1）**工業需求**；（2）**銀製品需求**；（3）
投資需求。工業需求又可以再細分為一般工業應用與底片的應
用，其中，一般工業應用佔白銀總需求的比例最高，並且逐年
上升，根據2011年的數據，一般工業應用的需求佔白銀總需求
的比例達到46%。由於**白銀是所有金屬中導電性、導熱性、反
光性都排名第一的金屬**，而且**白銀還具有殺菌的功能**，所以白
銀在工業應用上的成長才如此快速。銀製品需求可以再分為珠
寶製品及銀器。投資需求則再分為銀幣需求及銀條或指數型基
金的需求。

表格三：全球白銀需求　　　　單位：百萬盎司

	2003	2004	2005	2006	2007	2008	2009	2010	2011
工業應用	368.4	387.4	431.8	454.2	491.1	492.7	405.1	500.0	486.5
底片	192.9	178.8	160.3	142.2	117.6	101.3	79.3	72.1	66.1
珠寶	179.2	174.8	173.8	166.3	163.5	158.7	159.8	167.4	159.8
銀器	83.9	67.2	67.6	61.2	58.6	57.4	59.1	51.2	46.0
銀幣與銀章	35.7	42.4	40.0	39.8	39.7	65.3	78.8	99.4	118.2
生產商避險減少	20.9	—	—	6.8	24.2	8.5	17.4	—	—
隱含淨投資	0.9	31.8	58.1	55.1	16.6	31.2	132.2	184.6	164.0
總需求量	881.9	882.4	931.7	925.6	911.4	915.0	931.7	1074.7	1040.5

資料來源：白銀協會

白銀十大應用

一、抗菌材料：長期以來，白銀對細菌和病毒的消滅效果一直沒有人深入研究，直到最近，人們才了解白銀消滅細菌的原理，銀在水中能形成微量銀離子吸附細菌，破壞它賴以生存的酶，進而導致細菌快速死亡。根據研究，銀離子能在數分鐘內殺死六百五十多種細菌，是普通抗生素功效的一百一十三倍，而且沒有任何抗藥性。白銀是天然的無機抗菌材料，無機銀抗菌材料具有持續性強、耐熱性好、安全性高、不會產生抗藥性等特點。因此被廣泛運用在服裝領域及食品包裝領域。

二、醫療應用：生物醫學材料不同於藥物，它的主要治療目的不是透過體內的化學反應來達成，它主要是能達到生物的相容性，而白銀正是與生物相容性最高的金屬，在醫學上的應用，白銀遠比黃金高更多。白銀在醫學方面可以用在，外科手術、牙科材料、診斷疾病或是當作藥物使用。

三、催化劑應用：催化技術是化學工業發展的基礎性關鍵技術之一，白銀則是催化過程中的關鍵材料。

四、能源應用：白銀可以應用在各種化學電池、燃料電池、太陽能電池及核能。

五、銀漿：隨著電子業的快速發展，銀漿成為開發電子元件及觸控元件的關鍵材料。

六、銀合金焊料：銀的合金，被廣泛運用在各種鋼、有色

金屬、鎢、碳化物、金剛石、陶瓷、玻璃等焊接。

　　七、導電材料：由於白銀的導電性是所有金屬中最好的，白銀被廣泛運用在各種電器的導電材料。

　　八、複合材料：銀的複合材料是透過複合技術組成的新型材料，透過這項技術可以保留各種組成材料的主要特性，彌補單一材料的特性不足。

　　九、裝飾材料：由於銀具有非常好的反光性，因此被廣泛運用在各種首飾、銀餐具等裝飾品上。

　　十、光學材料：白銀可以與其他化學物質組成感光材料，並被廣泛運用在底片、X光片、電子顯微鏡照相底片等。

2012年白銀的工業需求

　　2012年白銀的工業需求約4.66億盎司，以下是白銀在各個領域中實際應用的數量。在各個領域的應用中，白銀絕大部分都是微量使用，這個特點，造成就算白銀的價格暴漲十倍，對於產品價格也不會造成太大的影響。另外，因為微量使用的特點，導致白銀在工業應用之後，大部分都是無法有效回收而永遠流失，或者回收的成本要非常高。

　　1. 使用在手機約1,333萬盎司

　　2. 使用在個人電腦、平板電腦、筆電約5,800萬盎司

　　3. 使用在電視約100萬盎司

4. 使用在面板約4,700萬盎司
5. 使用在汽車約7,700萬盎司
6. 使用在電子產品約2.1億盎司
7. 使用在太陽能約4,000萬盎司
8. 使用在其他各領域約1,967萬盎司

白銀多元的應用領域

　　白銀獨一無二的特性，讓它在商業應用領域超過 1 萬種。應用範圍的廣度僅次於石油，而且種類還不斷在增加。以能源領域為例，能源問題是全世界不得不面對的重要議題，也是全世界極力想解決的重大問題。其實，當發電廠產生電力之後，並不是所有的電力都可以傳送到終端用戶，有很大部分的電力，在傳輸過程中就被損耗，據估計，電力損耗的比例超過總發電量的30%以上。

　　然而，有一種科技稱為「超導體」，可以讓電力在傳輸過程中幾乎沒有損耗。美國超導體公司就是這個領域的世界級領導廠商，他們研發了各種超導體材料，應用在電力傳輸裝置上。但是，「超導體」與「白銀」有什麼關聯呢？其實，這兩者之間具有非常大的關聯，因為超導體傳輸線必須使用大量的白銀。雖然目前超導體技術並不普及，但是，根據白銀協會預估，一旦超導體技術開始普及之後，光是超導體傳輸線的應用每年就必須消耗5,000萬盎司的白銀。

　　在能源領域，絕對不能被忽視的新星，就是太陽能產業。由於全球反核意識高漲及石油原料供應問題，長期來說，人類要永續發展，太陽能絕對是最重要的能源產業。根據國際能源總署統計，太陽能發電佔全球發電量比例，在2010年只有約0.1％，預計到了2030年會上升到5％。

　　白銀是所有金屬中反光性排名第一的金屬，是太陽能聚光鏡應用中的重要部分。此外，白銀也是極佳的催化劑，在與半導體材料混合後，可以大幅提高太陽能轉化為電能的效率，因此，隨著太陽能產業的發展，白銀需求也會跟著大幅提升。

　　根據太陽能產業的分析報告指出，每產生10億瓦的太陽能，就需要用到80噸的白銀。從2010年白銀工業需求數據中，我們就可以發現，白銀光是在太陽能領域就消耗了7,000萬盎司，別忘了，太陽能發電在2010年，只佔全球發電量的0.1％，如果比重提高到5％，白銀在太陽能領域的用量將提升五十倍，那將會是35億盎司。這個數字遠遠超過了2011年的總供給量，因此不用等到2030年，在太陽能產業不斷成長的過程中，白銀就會發生嚴重供給不足的問題。

　　另外一個引人注目的白銀應用領域，則是無線射頻識別（RFID）技術。一般無線射頻識別技術只可以接收到5公尺內的訊號，這對於庫存管理上還是會造成不便。新一代的無線射頻識別技術則是透過白銀天線，讓接收距離增加到15公尺。另外，白銀的延展性非常高，僅次於黃金，因此應用在無線

射頻識別技術上非常適合。據統計，到了2017年，無線射頻識別晶片年產量會達到259億片，每一片晶片上需要0.01克的白銀，而且由於用量太少，完全不可能回收。

白銀具有無可取代的絕佳抗菌效果

白銀被應用在抗菌的歷史幾乎與人類的歷史一樣悠久。不論是在東方國家或西方國家，都有許多白銀抗菌的相關記載。羅馬帝國將酒存在銀製器皿中，以防止變質。腓尼基人用銀製的瓶子來裝水、酒、醋，以防止這些液體腐敗。美國早期的新移民，把銀幣丟入牛奶中，防止牛奶變質。隋唐時代，中國北方的牧民發現用瓷器裝馬奶，過幾天就會變質發臭，用銀碗裝馬奶，過了十幾天都不會變質。中國歷代皇帝及王公貴族都使用銀製餐具來檢測食物是否有毒。歐洲貴族也都廣泛使用銀餐具。

在抗生素發明之前，白銀被廣泛地應用為抗菌材料。銀的化合物磺胺銀，可以有效殺死受感染部位的病菌，因此在第一次世界大戰期間被廣泛地應用。然而，隨著抗生素的發明，白銀的抗菌地位逐漸被取代。但是，抗生素會產生抗藥性的缺點一直無法被克服。因此，白銀的抗菌性才重新受到醫學界的重視，並在醫學研究中發現，白銀的抗菌效果比任何一種抗生素都好，白銀可以有效殺死超過650種的病菌，而且完全沒有抗藥性，對人體也不會造成傷害。

1970年代之後，白銀又重新被視為最重要的抗菌材料，直到現在，醫學界仍然持續發表論文研究白銀的抗菌性與應用。各種白銀相關醫療器材，例如，清潔劑、紗布、口罩、被單等都已經被廣泛地運用在全世界的醫療體系。

白銀在醫療領域的應用才剛起步，許多新應用仍持續研發中。由於白銀可抗菌且對人體沒有傷害的特性，至今還沒有任何一種材料可以取代。因此，紡織業、食品包裝業、水質淨化業都開始研究，如何把對人體有害的化學材料改成白銀抗菌材料。未來白銀在抗菌相關領域的應用將持續不斷成長，而且這些領域的應用，都是用到極少量的銀離子，完全無法回收。

中國龐大的白銀需求

值得注意的是，隨著一個國家科技普及化程度提高，人均白銀使用量也會提升。中國就是一個最好的例子，目前中國的白銀人均使用量只有北美地區白銀人均使用量的七十分之一。近十年來，中國經濟不斷成長，科技化程度也隨之增高，對於白銀的需求則是不斷提升，從表格四，我們可以觀察到，中國在2006年之前都還是白銀淨出口國，2007年之後就轉變為白銀淨進口國，除了2009年受到金融海嘯的衝擊，使得白銀進口量減少，其他年分白銀進口量都是不斷提升。而且別忘了，我們之前提過中國是白銀的生產大國，從淨出口國轉變為淨進口國，就表示，中國國內礦商所生產的所有白銀無法滿足中國的

需求，而必須向國外購買白銀來填補需求缺口。

表格四：中國歷年白銀進出口統計					單位：噸
2005年	2006年	2007年	2008年	2009年	2010年
-2,934	-1,075	1,118	1,964	876	3,475

資料來源：中國海關總署

　　根據世界白銀協會於2012年所發布的報告，中國已經成為全世界最大的白銀市場。在過去十年，中國市場的白銀總需求已經提升到每年 1 億盎司以上，2011年更達到 1 億7,070萬盎司的歷史新高。中國從2000年開始就開放了白銀市場的買賣，並且創造許多白銀交易平台。

　　2009年，中國政府提供投資者購買實體銀幣與實體銀條的新選擇，在短短兩年內，實體銀幣與實體銀條的淨投資需求就暴增到1,700萬盎司，這個數量大約佔全球淨投資需求的 8 ％，總金額則是等同於 6 億美元左右。

　　2012年 5 月，上海期貨交易所開始交易白銀合約，每一個交易單位是15公斤，每日價格漲跌幅限制在前一天結算價格的 5 ％以內。上海期貨交易所的目標是提供中國白銀市場參與者一個完整的平台，得以直接與市場接軌，並讓他們直接在中國國內就可以進行避險。交易所的管理階層也希望透過白銀期貨合約，緩和白銀價格的漲跌幅，並且提供一個健全的白銀訂

價機制。

　　從上海期貨交易所開放白銀交易之後，短短幾個月，每日平均交易量就達到 1 億2,370萬盎司，規模之大，僅次於紐約商品期貨交易所，在國際白銀期貨交易市場上具有舉足輕重的地位。白銀協會的報告中也提到，中國許多商業銀行的財務管理部門，都建議客戶將白銀納入投資組合中。

　　中國每年白銀的總需求量從2002年的6,710萬盎司提升到2011年的 1 億7,070萬盎司，增加幅度達到154%，佔全球總需求的比例為17%。中國製造業的白銀年需求量，在最近十年，從8,240萬盎司提升到 1 億5,950萬盎司。中國對於白銀的需求，不論是工業需求或是投資需求，都是不斷地成長。

白銀的供給需求對價格的影響

　　白銀在全世界市場是24小時不停地在交易，最主要的交易市場有倫敦、蘇黎世、紐約、芝加哥及香港這五個大都會。倫敦是所有市場中最古老的交易市場，它從17世紀就已經成立。倫敦市場每天從中午12：15開始進行訂價的動作，訂價就像是一個平衡遊戲，它根據所有的會員手中有多少買單及賣單來訂出價格。雖然，倫敦是全世界最重要的白銀現貨交易市場，但是，最重要的期貨交易市場是在美國的紐約期貨交易所，白銀的價格在紐約期貨交易所是根據買賣雙方的合約來決定的。

　　影響白銀基本面最主要的因素就是供給與需求之間的相

互關係。從白銀的供給需求表中可以觀察到，銀礦的供給量與白銀的製造業需求量相比，從2003年到2011年這段期間，除了2009年，由於金融海嘯的影響，造成白銀的工業需求下降，而勉強達到供需平衡，其他的年度，每一年供給都不足，而不足的部分，主要是由政府的出售及回收銀來補足。

從政府的出售量來解析，從2003年到2006年，政府出售白銀的量大約佔總供應量的 6％～10％，2007年之後已經降到了 5％以下，造成政府出售量降低的主要原因是，中國政府從2006年之後就不再出售白銀，從2007年之後，中國更從白銀淨出口國變為淨進口國，2010年中國白銀進口額創下歷史紀錄，淨進口量達到3,500噸，佔全球供給量的10%以上。

雖然，政府的出售量佔白銀的供應量並不高，而且政府要買進或賣出白銀，沒有一定的規律可以依循，但是從數據中可以看出，政府的出售量正在減少，有些國家更是不斷地買進白銀，未來，如果政府大量買進白銀，對於白銀價格會有很強的推升作用。能夠彌補銀礦供應量不足的部分，主要是來自於回收銀。

但是，從2003年到2011年的數據看來，回收銀的數量很穩定，並沒有明顯地成長，其中，回收銀最大的來源是工業用廢料或是回收的電子產品，由於白銀在各種工業應用產品的含量很低，通常只佔總成本的0.5%以下，回收時會有一定比例的損耗，再加上為了避免環境汙染，回收的每個程序都要符合環

保法規。因此在回收時必須收集非常大量的工業用廢料或是電子產品，才有回收的價值。以手機回收為例，大約10萬支的手機，才可以提煉出 1 公斤的白銀。此外，如果是白銀含量極低的應用領域，例如無線射頻識別晶片，就完全沒辦法回收。

　　從需求面來看，白銀雖然在底片的應用及銀器的需求逐年下降，但是白銀在一般工業上的應用補足了這個缺口，根據2003年到2011年的數據，白銀在工業需求及珠寶需求的總量相當穩定。

　　白銀在需求面比較值得關注的是在投資的需求，從投資需求的數據上來看，白銀投資的需求在2008年開始快速增加，這就是近幾年白銀快速上漲的主要因素，根據金田礦業服務公司的統計報告，2011年全球白銀投資需求首度達到100億美元，報告中也指出，白銀投資需求不只在印度與中國有大幅增長，在西方市場也同樣出現增加。

　　金田礦業服務公司指出歐洲在2011年的白銀零售需求年增10%至超過5,500萬盎司，美國需求年增7%達到逾6,300萬盎司則是創下新高紀錄。而印度實體白銀的需求將自2010年的2,900萬盎司大幅增加至超過4,500萬盎司，中國銀條與銀幣的需求也將年增25%至超過800萬盎司。從印度與中國對於實體白銀需求暴增的現象中，可以觀察到，隨著黃金名義上的價格不斷突破歷史新高，中國與印度這兩個新興國家日益增加的中產階級，逐漸重新認可了白銀在貨幣史上的地位，並以白銀做

為一種保值工具。白銀投資需求快速上漲，意味著全世界的人們又開始記起白銀在貨幣歷史上所扮演的角色，在經濟動盪不安的年代，除了黃金之外，白銀也是資金安全的避風港，甚至因為白銀在工業上的快速消耗，白銀的存量變得非常稀少，白銀保存購買力的能力將會大幅超越黃金。

Chapter 4

推升白銀價格的動力

推升白銀價格的九大動力

在我們了解白銀的歷史地位、供需不平衡的情況與價格被刻意打壓的真相後，我們就可以總結出推升白銀價格的九大動力，其中任何一項引爆點都會把白銀價格推升到另外一個級數。如果這些引爆點同時推升白銀價格，上漲的幅度將會更驚人。接下來我們就來檢視推升白銀價格的九大動力來源。

一、經濟動盪促使人們擁抱實質資產

2008年金融海嘯過後，世界金融體系與貨幣體系的重大缺陷逐漸產生明顯的效應。近幾年來，經濟陷入衰退已經是不爭的事實，歐債問題、美國財政懸崖及中國經濟成長趨緩等議題，不斷引起社會大眾的注目，各國政府則是持續透過量化寬鬆政策，以及維持超低利率的方式，期望能為經濟注入一劑強心針。但是，這些措施都沒有帶來正面的效果，反而讓全球金融市場上充滿了過多的紙鈔。不論是企業或是個人，都因為擔憂未來的經濟前景，而緊抱著大量紙鈔與虛擬的金融資產，他們認為這些虛擬資產才可以保護他們辛苦存下來的財富。

只有少數知道真相的人們，開始默默地將虛擬資產轉換成實質資產。隨著未來經濟動盪幅度加劇，愈來愈多人會發現金融體系與貨幣體系的真相，而爭先恐後將虛擬資產轉換成實質資產。屆時，將發生虛擬資產暴跌，實質資產暴升的情形。當然，白銀將會是最耀眼的實質資產之一。

全球主要金融資產包含股票、債券、基金、房地產與原物料等項目，其中任何一項資產的規模都遠大於白銀市場，全球白銀總供給量，一年只有大約10億盎司，根據2012年底的白銀價格大約32美元來推算，總金額為320億美元。隨著各種經濟問題層出不窮，金融投資者對金融資產失去信心，開始購買實質資產。全世界總共有70億人口，只要0.1%的人口，大約700萬人，每一個人購買約4,600美元的白銀，就可以消耗掉全世界一年的白銀供給。4,600美元對於市場上長年投資股票、債券等金融資產的投資者而言，不過是九牛一毛。

二、白銀供給不足

銀礦產量成長速度已經趨緩，現有銀礦的品質愈來愈低，開採成本愈來愈高，新礦的發現也愈來愈少，況且許多銀礦是位於地緣政治不穩定的國家，這些國家的銀礦開採，隨時可能被強迫中止。目前白銀缺口主要都是由已開採出的白銀來彌補，但是，已開採出的白銀儲備大部分都已被工業消耗，難以回收，真正能彌補白銀缺口的儲備，數量稀少。

三、持續上升的白銀需求

白銀無可取代的絕佳特性，讓它在工業領域具有非常多元的應用，幾乎各種產品都需要白銀這種關鍵原料。根據白銀協會的資料顯示，過去幾十年來，白銀工業需求不斷上升，而且成長的情況在未來將會持續下去。白銀投資需求則是在2008

年金融海嘯時，開始出現大幅度的成長，隨著紙鈔體系逐漸崩潰，白銀投資需求只會持續成長，而且成長幅度將不亞於工業需求的成長。

四、白銀重新貨幣化

白銀被當作貨幣使用的歷史比黃金更悠久，且流通的範圍也比黃金更廣泛，紙鈔貨幣體系要重整時，白銀勢必會成為儲備基礎之一。各國政府或是中央銀行，為了彌補白銀供給的不足，近幾十年來，不斷把白銀儲備拋售到市場上，國家白銀儲備早就已經所剩無幾。我們之前也已推算出全世界白銀年產值只有320億美元。一旦，白銀重新貨幣化，不論是政府或是人民都會爭先恐後購買白銀當作儲備，光是以中國的中產階級，大約五億人來計算，每人每年只要購買 2 枚 1 盎司的銀幣，就足以把全世界的白銀供給買完。

如果與美國政府於2013年初開始，每個月印製850億美元的規模相比，一年就可以印出 1 兆200億美元，白銀年產值只佔其中的3.14%左右。不論從政府或是人民的角度來分析，只要白銀重新貨幣化，白銀價格將會一飛衝天。

五、只投資黃金的投資者轉投資白銀

如果以每一年黃金投資者購買黃金的總價值與白銀投資者購買白銀的總價值相比，白銀總價值只佔黃金總價值的5%。也就是說，只要黃金投資者撥出5%的資金轉投資白銀，用來

投資白銀的總資金就會增加一倍。因為黃金投資者，對於貨幣體系的問題已經有基礎的認識，如果他們再深入了解白銀的貨幣地位，以及白銀的現況，撥出部分資金轉投資白銀的情況，非常有可能發生。

六、透過期貨交易，壓低白銀價格的操縱手法被迫中止

紐約期貨交易所是全世界最大的商品期貨交易所，其中大量的白銀空單是由四家大銀行所持有，他們持有的量佔全世界白銀年產量的30%以上。由於他們發現大部分的買盤都不會要求實體交割，而是要求現金交割，這種現象讓銀行家們更肆無忌憚地釋放出大量空單來打壓白銀價格。實際上，他們根本沒有這麼多的實體白銀儲備。當白銀期貨市場的買盤發現白銀的真相時，他們將會要求各大銀行在期貨合約到期時支付實體白銀。在實體白銀供給非常吃緊的情況下，這些大銀行將被迫不計成本的在市場上收購實體白銀，而推升實體白銀價格，高漲的白銀價格又會使這些大銀行受到重創，進一步形成金融危機，惡性循環就此展開，銀價將會暴升。

七、企業儲備白銀原料

白銀是所有金屬中，導電性、導熱性、反光性都排名第一的金屬，此外，白銀還具有殺菌的功能。集合多種獨一無二的優點於一身，白銀在商業應用領域具有超過一萬種以上的用途，而且還有許多新用途不斷被開發出來。白銀是工業領域

的關鍵材料，而且單一產品的用量極小，完全無法回收，用量極小的特點，讓白銀佔產品總成本極低，就算白銀價格上漲數倍，也不會壓抑白銀的工業需求。反而，隨著需求愈來愈高，供給愈來愈少，許多企業會開始爭相增加實體白銀儲備。

然而，實體白銀不像紙白銀，可以無限量供應。所有企業要買的是真正可以用來製造產品的實體白銀，沒有一家企業可以承受缺乏關鍵材料而被迫停工的情況。因此，增加實體白銀儲備絕對是各企業為了維持營運而必須採取的做法。當然，在增加白銀儲備的過程中，也會同時推升白銀的價格。

八、租賃白銀被迫歸還

知名白銀分析師巴特勒研究白銀價格操縱案多年，其中一種鮮為人知的做法就是白銀租賃。從20多年前開始，中央銀行就與商業銀行聯手透過白銀租賃的方式打壓白銀價格。原本白銀租賃的用意是很好的，因為有許多礦商，在開採過程中會遇到很多不確定因素，造成無法準時供應實體白銀給買方。而許多商業銀行本身就具有實體黃金、白銀儲備，這些實體黃金、白銀其中一部分是屬於商業銀行，剩下的部分是屬於暫存在商業銀行保管箱的銀行客戶。

礦商為了避免違約，就先從商業銀行暫時租借白銀來出貨，等白銀開採出來後，再歸還給商業銀行，並支付利息。由於中央銀行早期也儲備了大量實體黃金、白銀，同樣的商業模

式也可以套用在商業銀行與中央銀行間的交易。然而，商業銀行把租來的部分白銀轉租給礦商後，剩下一大部分白銀則是拋售到市場上換取紙鈔，再用這些紙鈔購買國債，進行套利。

白銀租賃的商業模式，透過商業銀行與中央銀行的聯手操作，成功地打壓了白銀價格。根據巴特勒估計，過去二十多年來，至少有1.5億盎司到10億盎司的白銀透過這種方式流到市場上。除了商業銀行本身持有的白銀之外，中央銀行與商業銀行客戶所持有的白銀，最終商業銀行還是要負責歸還的。一旦中央銀行與被蒙在鼓裡的客戶要拿回實體白銀時，商業銀行就被迫要買回相同數量的實體白銀。同樣的，在商業銀行收購實體白銀的過程中，白銀價格將會不斷飆漲。

九、紙白銀泡沫化

紙白銀是指以實體白銀所衍生出來的紙合約或是衍生性金融商品，其中包含了白銀指數股票型基金（白銀ETF）、白銀存摺、白銀期貨、白銀選擇權、白銀權證等金融商品，這類金融商品的運作方式，將會在第 5 章節做更多的介紹。

許多貴金屬的研究報告與專家都指出，紙白銀的數量遠比實體白銀龐大。據估計，**紙白銀的數量大約是實體白銀數量的一百倍到兩百倍之間**。如果我們用最保守的數字一百倍來計算，這就代表每一盎司的實體白銀背後，有一百盎司的各類紙白銀宣稱擁有所有權。因此，白銀市場交易熱絡只不過是一個

假象。各類紙白銀都是在紙鈔貨幣體系與紙合約的架構下進行交易，實際上，根本沒有這麼多實體白銀在支撐。

而且，只要99%的紙白銀持有者不要求領回實體白銀，這個虛擬遊戲就可以持續進行。因此，許多銀行或是紙白銀交易商，都會想盡辦法讓交易者不要領取實體白銀。但是，這些紙白銀持有者總有一天會覺醒的。他們只要深入了解實體白銀的供給需求，再加上簡單的數學運算，就會發現紙白銀市場的不合理。

目前，全世界白銀年產量大約10億盎司，如果紙白銀的倍數為實體白銀的一百倍，那麼紙白銀數量就是約1,000億盎司（310萬噸）。**根據美國地質調查局的資料顯示，全世界可開採白銀儲量只有53萬噸。就算把所有尚未開採的白銀都挖出來，實體白銀也只有紙白銀數量的17%。**如果用最保守的方式計算，倫敦實體白銀交易市場儲備的實體白銀大約有7,500萬盎司，紐約商品期貨交易所儲備的實體白銀大約有5,000萬盎司，相加起來大約1.25億盎司，一百倍的紙白銀數量，相當於125億盎司的紙白銀，這個數量是白銀每年總供給的12.5倍。

從這些數據分析就可以發現紙白銀數量之大，是非常不合理的。當愈來愈多紙白銀投資者發現事實的真相，紙白銀的泡沫就會被戳破，紙白銀投資者將會一窩蜂地把紙白銀轉換成實體白銀，紙白銀市場就會因此崩盤，實體白銀上漲的程度，將會超乎想像。

白銀重新貨幣化

在前面的章節中，我們提到過許多推升銀價上漲的主要動力來源，其中白銀重新貨幣化這個動力來源卻很少人注意到。近幾十年來，白銀主要需求都是來自於工業需求，直到2008年金融海嘯過後，投資需求快速崛起。但是來自於政府、中央銀行與大型金融機構等官方需求，一直都是無聲無息。很多人也認為官方不太可能再重新儲備實體白銀。

從白銀近代貨幣歷史中，我們知道官方單位在過去一百五十年來，拋售了數10億盎司的實體白銀到市場上，並對白銀價格造成沉重的打擊。然而，這種情況很可能已經快要到達終點。從世界白銀協會的統計中，我們可以發現，政府近幾十年來出售的實體白銀數量不斷在下降，2011年，政府出售的實體白銀只剩1,150萬盎司。其實，許多國家的政治人物、人民團體已經開始對貨幣體系感到不信任，也了解到白銀的貨幣價值，並建議要將白銀重新貨幣化。在某些伊斯蘭國家，甚至很明確地指出，**使用沒有黃金、白銀當作儲備的紙鈔是不道德的欺騙行為**。

美國正在將白銀重新貨幣化

猶他州是美國黃金、白銀重新貨幣化的先驅，在2011年6月，猶他州率先免除黃金、白銀的營業稅，並明訂在猶他州可

以使用金幣、銀幣的市值來購買任何商品與服務，猶他州政府
也接受金幣、銀幣來繳稅。跟隨在猶他州之後，密蘇里州與南
卡羅來納州也通過類似的金銀貨幣法案。美國其他十個州也將
討論相同的法案，其中包括科羅拉多、喬治亞、蒙大拿、印第
安納、愛荷華、新罕布什爾、奧克拉荷馬、田納西、費蒙特和
華盛頓。

　　猶他州立法通過確定黃金、白銀的貨幣地位，具有指標性
的意義。在此之前，黃金、白銀貨幣化還在討論階段，甚至有
很多人，根本不相信黃金、白銀會重新貨幣化。猶他州政府率
先透過立法程序，向全世界的人證明，黃金、白銀是可以重新
貨幣化的，而且，為了全世界的金融穩定，黃金、白銀是必須
重新被貨幣化的。為了讓金幣、銀幣在猶他州的使用更方便，
有一位企業家就在猶他州成立了黃金、白銀儲存公司，並推出
了金融簽帳卡（Debit Card），只要你把黃金、白銀儲存在該
公司，你就可以直接使用黃金、白銀儲存公司發行的金融簽帳
卡，用黃金、白銀進行任何消費。

　　猶他州會成為全美第一個把黃金、白銀貨幣化的州，其
實是有跡可循的。猶他州是摩門教的總部，摩門教不斷建議教
友們至少要儲備一年以上的生活必需品，其中就包含黃金與白
銀。由於銀幣比金幣更適合日常生活的交易，所以，大部分
的教友應該都是購買銀幣當作儲備。但是，根據2009年摩門教
的統計，全球大約有一千四百萬名教友，如果每一個人買100

枚 1 盎司銀幣，就需要14億盎司的白銀，這個數字超過了全世界白銀的年產量。因此，我推測有購買銀幣當作儲備的摩門教友比例還不高。然而，隨著猶他州政府明訂金幣、銀幣可以用來進行交易，我相信摩門教友購買金幣、銀幣當作儲備的意願會提高。

從美國猶他州的實際例子，我們就可以確定，白銀貨幣化已經不再只是一句口號，而是美國正在發生的實際情況。美國是全世界經濟的火車頭，他們的任何政策都會受到國際的關注。美國猶他州已經點燃了白銀貨幣化的第一把火，當這把火向全美蔓延，再延燒到全世界時，白銀貨幣需求成長的速度將遠超過工業需求與投資需求成長的速度。

白銀投資的七大迷思

今日一般世俗的投資觀念往往是不切實際的，而這些觀念造成了數以百萬計的投機者，把各種資產當作短期賭博標的物，白銀就是其中的一種。這些投資觀念造成了白銀市場裡的紙上玩家，在短期之內（大約六到十二個月），對紙白銀的價格有很強的控制力，而原因就是因為紙白銀的數量遠遠超過了實體白銀的數量。如果你問這些紙白銀的操作者，他們是依據什麼在買賣紙白銀？他們的回答往往跟實體白銀的基本面無關，或是根據一些似是而非的訊息。

其實，實體白銀的基本面經常被一些錯誤的觀念所誤導，

甚至忽略。不論是已經投入白銀市場多年的老手或是正想要投入白銀市場的新手，都要小心釐清白銀的基本面與現況，避免讓自己陷入極大的風險而不自知。以下列出七種常見、但是許多的投機者仍然堅信不移的迷思。

一、底片需求降低造成白銀需求下降

許多華爾街的分析師會說，由於數位相機市場的普及化，導致傳統相機逐漸被淘汰，傳統底片需求不斷下降，將會造成傳統底片的關鍵材料白銀，需求也會跟著下降。根據世界白銀協會歷年來的白銀需求統計數據，白銀在底片的需求的確是年年下降，但是與不斷上升的工業需求與投資需求相比，實在是微不足道。有些華爾街分析師也會說，這些底片是可以回收的，這會造成白銀供給的大幅增加。世界白銀協會也曾經針對這個論點提出分析報告，報告中指出，回收銀只佔每年白銀總供給的一小部分，底片回收則是佔白銀回收不到20%的比例，也就是說，每一年透過底片回收所產生的白銀供給，不到4,000萬盎司，而且年年下降。所以底片回收造成白銀供給上升的論點也無法成立。

如果仔細分析數位相機市場，我們也可以發現一些重要的事實。首先，白銀也是數位相機的關鍵材料。第二，如果我們用電子郵件來傳送相片，我們就必須用到電腦，白銀也是電腦的關鍵材料之一。第三，如果有人想用光碟片來儲存相片，光

碟片上也鍍了一層非常薄的白銀，讓雷射讀取頭更容易讀取。所以，數位相機取代傳統相機之後，傳統底片的白銀需求的確減少了，但是數位相機以及衍生出的相關產業，對於白銀需求更多。因此，白銀總需求並沒有減少，反而更多了。

二、白銀工業領域的應用會完全被其他金屬所取代

很多人經常說如果白銀漲的夠高，白銀就有可能被其他金屬取代在工業領域的應用。那麼白銀要漲到多高才算夠高呢？目前，白銀原料成本佔各種應用產品的總成本不到0.5%，就算上漲十倍，白銀原料成本佔產品總成本的比例還是不到5%。不到5%的比例，對於產品獲利是不會有太大的影響。就算以最保守的方式估計，白銀上漲十倍之後，企業開始尋找替代金屬。

但是，在經過詳細調查後，他們會發現白銀的導電性、導熱性、反光性都是所有金屬中排名第一的，其他的替代金屬，會讓產品品質大幅下降。此外，所有金屬中，只有白銀具有殺菌效果，這個特性，讓白銀在醫療應用領域是完全無法被取代的。因此，白銀在未來是有可能被其他金屬所取代。但是，前提是白銀必須要漲得非常高。而且，在某些特殊領域，例如，醫療領域、尖端科技領域、國防領域等重要應用，白銀是完全無法被取代的。

三、白銀是一種對於經濟變化非常敏感的金屬

在2008年到2009年，全球經濟陷入衰退的時候，貴金屬研究機構CPM（CPM Group）的研究團隊估計白銀在底片、珠寶及工業的需求會下降大約8,000萬盎司。來自銀礦的供給大約會增加3,000萬盎司，回收的供給大約增加1,500萬盎司。所以，為了讓白銀的價格維持穩定，理論上，投資者的需求至少要彌補1億盎司的差額，而實際上，投資者在2009年的需求就增加了1億盎司。這個現象證明了，在銀行發生危機的時候，人們對於白銀有非常高的避險需求，也因此造成了儘管白銀的工業需求減少，且白銀的供給稍微增加，白銀的投資需求卻迅速地彌補了原本減少的需求。

回顧2008年到2009年間的情況，雖然因為紙白銀的交易，造成白銀價格起伏很大，但是基本上價格是平穩地保持在某個區間。因此，在經歷了2008年至2009年，這段近年來最嚴重的衰退期之一，實體白銀需求的增加抵銷了工業需求的下降。從這個例子可以知道，一般人常說在下一個衰退期的時候，白銀價格也會跟著往下這種觀念，是有謬誤的。

此外，我們也可以觀察到，白銀是一種同時具有貨幣屬性與工業屬性的美妙金屬。雖然黃金也同時具有貨幣屬性與工業屬性，但是工業應用的比例太小，不到黃金總需求的10%。所以，黃金價格無法受惠於經濟復甦時，工業需求成長所帶來的效益。

可是，白銀就不同了，白銀在工業領域及貨幣領域的應用比較平均。一旦金融體系受到通貨膨脹或是通貨緊縮的襲擊，而造成金融危機時，白銀會發揮它的貨幣功能，使得白銀保值需求大增。經濟重新恢復後，白銀就會展現它的工業屬性，白銀將因為供給不足、工業需求旺盛的影響而持續上漲。不論在任何經濟環境，持有實體白銀的投資者都佔盡了優勢。

四、銀幣及銀條的數量比金幣及金條更充足

事實上，銀幣及銀條的數量比金幣及金條更稀少。根據世界白銀協會的資料顯示，全世界大概有14億盎司的銀幣及銀條，但是金幣及金條有大約30億盎司。儘管，最近這幾年，銀幣及銀條每年產出的量比金幣及金條多出約8,000萬盎司，但是依照這樣的速度，至少要十五年，銀幣及銀條的量才會跟金幣及金條差不多。那為什麼黃金、白銀價格的比值在2012年底還高達五十五倍呢？如果你已經徹底了解紙白銀與實體白銀的來龍去脈，你就會發現白銀其實被嚴重的低估了。

五、白銀價格過高會造成工業需求下降

觀察2000年到2010年這段期間，事實上，白銀價格過高會造成工業需求下降這個觀點是完全沒有根據的。根據金田礦業服務公司（GFMS）的研究報告，這十年間，白銀的需求是穩定地成長，然而，白銀的價格卻從4美元不斷上漲到超過20美元，這種情況，乍聽之下好像很令人訝異。實際上，仔細考

慮白銀的用途就可以解開這個疑惑，在各種電子產品或是太陽
能產品的應用，白銀的成本與總成本相比，比例是很低的，因
此白銀價格的增加，完全無法降低對於各種電子產品的需求。
由以上的解釋，我們就可以知道，由於目前白銀價格還是很低
廉，雖然價格往上漲，對於工業的需求完全沒有抑制的效果。

六、只要到達適當價格，數十億盎司白銀將會被回收

　　許多人認為全世界銀飾品的數量大約是金飾品數量的六
倍，所以你可能會認為總有一天大量的白銀會重新被熔鑄。對
於這個論點有兩個問題，第一個問題是，許多銀飾品的價格是
遠遠超出現在白銀的價格，也就是一般人不會想要賤賣。第二
個問題是全世界的銀飾品是分散在大約10億人的手中，每一個
人所分到的量就非常稀少，這也造成了如果白銀價格不高，持
有銀飾的人根本不會想要賣掉。

　　除了上述兩點之外，其實還有更重要的一點，我猜很多
宣稱對貴金屬研究很深的專家都忽略的一點，在2010年回收的
白銀與1980年相比是多很多的。在這三十年之間，儘管回收的
量逐漸增加，但是價格依然不斷上漲，直到2010年突破了20美
元。在2011年回收白銀的量大概是 2 億多盎司，我們就大方地
假設是 3 億盎司，以2012年底白銀價格約32美元來計算， 3 億
盎司的白銀總金額也只有96億美元，區區96億美元跟貴金屬的
投資規模相比，簡直是小巫見大巫，更不用說跟股票或是房地

產的資產規模相比了。這又證明了，回收的白銀會降低白銀價格這個觀點，只是另外一個謬論。

再根據以上所提到的一個觀點，白銀價格的上漲無法影響工業的需求，就算銀飾品的保存非常良好，大部分的銀飾品都可以被順利地回收，但是這些回收的白銀都會被工業界大量消耗。從白銀主要都是來自於銅礦、鉛礦、鋅礦與金礦副產品的事實來看，白銀從採礦而來的供給量，一年頂多增加二到四個百分點，這對於不斷上漲的工業需求及投資需求來說，也只是杯水車薪。

七、白銀投資者的投資動向搖擺不定，
而且政府沒有白銀流通的規畫

這個迷思事實上是有些根據的，根據許多專家追蹤1980年代及1990年代白銀的買賣活動，許多人認為在1985年到2005年之間，由於政府的刻意引導，許多白銀的小量投資者所賣出的白銀比賣出的黃金更多。據統計，賣出的白銀數量大概有10億盎司。所以很多人認為白銀投資者擁有白銀的信念遠比黃金投資者擁有黃金的信念更薄弱。或者，根據上面提到的，一般投資者受到政府刻意的引導，而賣出較多的白銀。

但是，在這幾年，許多政府開始提出把白銀重新當作交易媒介的方案，例如，墨西哥政府就提出要重新把銀幣導入到它們的交易市場，美國政府也有某幾州提出將黃金、白銀當作交

易媒介的法案。請謹記，對於一般大眾的認知而言，白銀就是真正的錢，所以當愈來愈多的人民開始重新把貴金屬帶入他們日常交易的時候，白銀的價值將會大大提升。其實，在最近幾年，我們已經看到白銀投資的需求有著驚人的增加，這也表示了愈來愈多人發現白銀的價值是被低估的。不管你相不相信，未來白銀的投資需求還是會持續的上升。

別被白銀市場的迷思愚弄了

如同我上面所提到的，我了解基本面分析在市場上通常是讓人不屑一顧的。這就是為什麼這麼多交易員都是專注在各種走勢圖、價量分析的指標或是各種分析工具，來解釋為什麼價格會往上或往下，而沒有考慮到現實世界真正影響這些資產價格的因素。你也可以看到許多大型的投機者對於基本面完全沒有興趣，他們只相信製造謠言是比專注在基本面更安全的賺錢方式。你對於透過金錢遊戲或是在短期之內影響投資人情緒的方式來賺錢，可能會感到驚訝，但這就是事實。

當然，我認為最後的贏家不會是玩金錢遊戲的賭徒。的確，賭桌上總是會有幾個厲害的賭徒，但是賭場還是凌駕於賭徒之上，而賭場就像是現在的全球市場，也就是我們全球金融體系下所建構出來的市場，當金融體系都發生問題時，有多少人能倖免於難？然而，我們也看到愈來愈多的一般投資者開始分散他們的資產配置，而不是把所有的資產都放在股票、債券

或是銀行體系。雖然世界不會走到終點，但是，漸漸的，我們會感受到貨幣貶值、經濟衰退、財政緊縮的狀況慢慢發生。根據現在的經濟環境，量化寬鬆政策頂多只能緩解經濟規模縮小的情況，並且不斷延遲處理真正的問題。我相信人們將會開始尋找那些真正安全的資產，那些資產不須透過槓桿操作來推升價格，而且也不須依靠終端的消費或是消費者的債務來提升價值。你可能認為白銀會變得愈來愈便宜，短期之內，你也許是對的。長期來看，價格的拉回可能只是曇花一現，當白銀價格重新突破新高的時候，你可能會對於你自己陷入白銀的七大迷思而深感懊惱。

不斷上漲的黃金價格

要預測白銀未來的價格之前，絕對不能忘記黃金。在人類最近五千多年的歷史中，黃金、白銀是唯二經得起考驗的誠實貨幣，它們兩者之間有著密不可分的連結。分析黃金價格有許多不同的方式，如果從黃金歷史價格來看，上一個黃金牛市，是從1971年，美國尼克森總統宣布脫離金本位制開始起漲，當時每盎司黃金是35美元，一直漲到1980年的最高點850美元，總共漲了約24倍。最近這一個黃金牛市，則是從2000年開始起漲，當時每盎司黃金約250美元，如果用上一個黃金牛市上漲的倍數來計算，黃金有可能上漲到6,000美元。

另外，由於脫離金本位制之後，美元開始長期的貶值，

如果從通貨膨脹的角度來看，1980年的最高點850美元等同於2012年的2,300美元。2012年底的黃金價格大約是1,700美元，雖然名義上突破了上一個牛市的高點850美元，但是，實際上並沒有真正突破上一個牛市的高點。因此，如果考量牛市的上升趨勢與通貨膨脹這兩個因素，黃金價格至少要超過2,300美元。

恢復到金本位制，是最近受到熱烈討論的重大議題。反對派抨擊金本位制的論點是，金本位制無法提供貨幣供給更多「擴張性」。但是，從貨幣歷史中，我們很清楚地知道，黃金、白銀是穩定金融體系的堅定力量。黃金、白銀不只具有商品屬性，更具有貨幣屬性。全世界已被開採出的黃金數量是55億盎司，全世界的中央銀行及國際金融機構大約持有10億盎司，其中美國大約持有2.6億盎司。

由於美國是全世界最大的經濟體，我們先來觀察美國的貨幣發行量。「現代貨幣」在銀行體系中有不同的定義，差異主要在於流通性。一般的基礎貨幣是M0，其中包含了流通中的紙幣與硬幣，再加上銀行放在中央銀行的準備。比較廣泛的貨幣定義是M1，其中包含支票帳戶與旅行支票，但是不包含放在中央銀行的準備。更廣泛的定義則是M2，M2包含的內容和M1差不多，但是包含了儲蓄帳戶與存款。M2的定義比較接近在經濟體中流動的貨幣，因此是評估通貨膨漲的關鍵指標之一。

　　根據聯準會的統計，在2012年10月，美國M0約2.6兆美元，M1約2.4兆美元，M2約10兆美元。如果美國的黃金儲備量要100%支撐M0，每盎司黃金要漲到10,000美元、100%支撐M1每盎司黃金要漲到9,230美元、100%支撐M2每盎司黃金要漲到38,461美元。

黃金價格預估	
假設這次黃金牛市與前一次黃金牛市上漲倍數都是24倍，這次黃金起漲點為每盎司250美元	黃金每盎司6,000美元
經通膨調整後的前波高點850美元	黃金每盎司2,300美元
美國M0貨幣供給有100%黃金準備	黃金每盎司10,000美元
美國M1貨幣供給有100%黃金準備	黃金每盎司9,230美元
美國M2貨幣供給有100%黃金準備	黃金每盎司38,461美元

被嚴重低估的白銀價格

　　在人類最近五千年的歷史中，黃金、白銀價格的比例大部分時間都維持在16：1左右，也就是黃金價格通常比白銀價格高出16倍。經過現代科學的研究，這個比例與地殼上黃金、白銀的數量比1：19相當接近。從地質學的角度分析，黃金、白銀價格比雖然會有上下震盪的情況，但是最後都會回到穩定

的16：1。然而，黃金、白銀價格比之所以會有震盪的情況，
是因為市場供需這個因素。畢竟地殼裡的黃金、白銀需要時間
才可以被開採出來，已經被開採出的黃金、白銀數量，對於黃
金、白銀價格比會有最直接的影響。歷史上，亞洲地區並沒有
生產大量的白銀，因此有一段時間黃金、白銀價格比例是遠
低於16：1。隨著東西方貿易的發展，黃金、白銀在全世界流
通，黃金、白銀價格比才慢慢調整到16：1左右。

　　到了19世紀左右，由於在美洲發現大量的白銀，因此黃
金、白銀價格比又發生了震盪，同樣的，隨著東西方貿易的消
化，黃金、白銀價格比又慢慢回到16：1左右。直到最近一百
年，由於白銀的貨幣屬性被計畫性地剝奪，黃金、白銀價格比
例開始劇烈地波動。到了1971年，美國尼克森總統宣布脫離金
本位之後，全世界一起進入一個前所未有的紙幣時代。黃金、
白銀的貨幣屬性完全被剝奪，黃金、白銀價格比也因此被嚴重
扭曲。

　　根據美國地質調查所2012年的資料，全世界白銀可開採儲
量約53萬噸，全世界黃金可開採儲量約5.1萬噸，白銀黃金數
量比大約是10.4：1，因此我們得到第一個合理的黃金、白銀
價格比約10.4：1。如果我們再考慮已開採出的黃金、白銀數
量，就可以得到第二個更貼近實際面的黃金、白銀價格比。

　　目前全世界已開採出的白銀數量約280億盎司，但是大部
分都因為工業用途，而以極微量的形式分散世界各地，甚至很

多含有微量白銀的製品都已經被當作廢棄物丟棄，所以完全無法回收，真正可以當作儲備的白銀，如銀幣、銀條與銀器等只佔了5%，也就是14億盎司（4.4萬噸）。

全世界已開採出的黃金約55億盎司（17.1萬噸），而且由於黃金的工業需求很少，大部分黃金都是以金條、金幣與金飾等形式存在，所以幾乎所有被開採出的黃金都可以被保留下來。如果我們把全世界白銀可開採儲量53萬噸加上已被開採出且可以當作儲備的白銀4.4萬噸，總計白銀數量是57.4萬噸。全世界黃金可開採儲量5.1萬噸加上已被開採出且可以當作儲備的黃金17.1萬噸，總計黃金數量是22.2萬噸。因此我們可以得到第二個合理的黃金、白銀價格比約2.6：1。

綜合以上分析所得的黃金、白銀價格比與之前分析的黃金價格，我們就可以推算出可能的白銀價格。利用上一波黃金牛市歷史價格推估黃金未來價格的方式也可以用在白銀上。白銀的上一波牛市與黃金一樣在同一個時間區間。在1971年，當時每盎司白銀價格是1.55美元，一直漲到了1980年的最高點49.45美元，總共上漲了約32倍。

最近這一個白銀牛市，則是從2001年開始起漲，當時每盎司白銀約4.37美元，如果用上一個白銀牛市上漲的倍數來計算，白銀有可能上漲到140美元。如果從通貨膨脹的角度來看，1980年的最高點49.45美元等同於2012年的135美元。2012年底的白銀價格大約是32美元，同樣的，也沒有真正突破上一

個白銀牛市的高點。

白銀價格預估	
假設這次白銀牛市與前一次白銀牛市上漲倍數都是32倍，這次白銀起漲點為每盎司4.37美元	白銀每盎司140美元
經通膨調整後的前波高點49.45美元	白銀每盎司135美元
美國M0貨幣供給有100%黃金準備，黃金、白銀價格比為10.4：1	白銀每盎司962美元
美國M0貨幣供給有100%黃金準備，黃金、白銀價格比為2.6：1	白銀每盎司3,846美元
美國M1貨幣供給有100%黃金準備，黃金、白銀價格比為10.4：1	白銀每盎司888美元
美國M1貨幣供給有100%黃金準備，黃金、白銀價格比為2.6：1	白銀每盎司3,550美元
美國M2貨幣供給有100%黃金準備，黃金、白銀價格比為10.4：1	白銀每盎司3,698美元
美國M2貨幣供給有100%黃金準備，黃金、白銀價格比為2.6：1	白銀每盎司14,793美元

　　總結以上對黃金、白銀價格的預估，以2012年底每盎司黃金價格約1,700美元、白銀價格約32美元為計算基準。未來黃金可能的漲幅介於1.35倍至22.62倍；未來白銀可能的漲幅介於4.22倍至462.28倍。相較之下，白銀的獲利潛力遠大於黃金。

Chapter 5

如何投資白銀？

　　在投資之前，必須要了解自己的投資目的與工具，才能準確地達到預期的效果。然而，在金融市場上已經有許多的衍生性金融商品，同樣的，在白銀市場也充斥著許多投資工具，在這裡，我們將詳細介紹全世界常見的白銀投資工具，並以紙白銀與實體白銀兩大種類做為區隔。

紙白銀的投資工具

共同基金

　　共同基金（Mutual Fund），也就是信託基金。這種金融商品的利基點，建立在專業金融從業者的知識和信任上。由於一般民眾多半不懂跨國投資、外國金融商品的法律規範及語言問題，同時，也沒有專業操盤的技術分析能力，所以透過支付一點手續費，將錢交由有公信力金融機構的團隊操盤，而一般民眾只需約略選擇投資標的，並評估風險程度，以達到獲利的方式。

　　共同基金可透過購買股票（Stock）、債券（Bond）、商業票據（Commercial Paper）[註1] 商品或衍生性金融商品，以獲得利息、股息或資本利得。主要的標的種類有：股票型、債券

註1：商業票據：為滿足流動資金需求所發行的、期限為2天至270天的、可流通
　　轉讓的債務工具。例如：匯票、本票、支票、提單、存單、股票、債券等。

型、貨幣型、平衡型、房地產型、原物料型、避險型等。

證券投資基金通常分為三類：

一、開放型基金

指投資人直接向基金公司或它的代理機構買賣的基金，以基金的淨值做為買賣的價格，投資規模會隨著人數的買、賣而增加。

二、封閉型基金

指一開始會募集一筆資金當作基金，當資金募集完成後，投資人就不再直接或間接向公司購買基金，反而是向股票市場上其他擁有基金的購買人購買，因此基金的規模不會因買賣而產生變化，實際買賣的價格將與基金的淨值有所差異，也就是所謂的折價及溢價[註2]。

三、交易型基金

與封閉型基金相似，但多了實體交換的機制，也因此使得折溢價不會像封閉型基金一樣大。相對於開放型基金來說，資產變動規模不會快速反應。

註2：折價及溢價：折價，是指買賣交易價格低於原本基金／股票的單位價格。
　　　溢價，是指買賣交易價格高於原本基金／股票的單位價格。

	開放型基金	封閉型基金
基金規模	基金的資金總額每日均不斷變化。	設立時，已確定金額規模，除非特殊情況，在存續期間不得增減資金總額。
買賣交易方式	可隨時與基金管理公司或銷售單位購買或贖回。	發起時，投資者向基金管理公司或銷售單位認購。上市交易時，投資者可委托券商在證券交易所按市價買賣。
價格計算	以基金設定的價格做為買賣價格。	因在交易所上市，其買賣價格受市場供需影響較大。
手續費	較低	較高
投資策略面	必須保留一部分資金供購買者贖回，一般投資於變現性比較高的資產。	由於募集資金不能被贖回，因此資金可全部運用在投資上，且可制定長期投資策略。
所要求市場不同	由於資金可變動，所以適合於成熟、規模大的金融市場，如：股票。	資金不能變動，適合規模較小的市場，如：特定期貨標的物買賣。

依照操作方式又可分為：

一、**主動型基金**。主動型基金買進、賣出的策略操作，均由基金管理人／團隊所控制，以期達到最好的績效。

二、**指數型基金**。指數型基金則是透過追蹤、綜合的方式，使得基金的狀態與該標的物相近。但在2008年開始也出現主動型指數基金及開放型指數基金。

投資白銀共同基金的優缺點，分述如下。

優點：許多基金都會提供白銀相關產業的買賣，而且投資內容包含多種不同的貴金屬標的，此外，普遍金額門檻低，容易進入。**缺點**：投資金額比小額投資實體市場高，必須了解國外基金市場的規則，而且基金漲跌幅並沒有百分之百完全與白銀價格連動，甚至很多貴金屬專家質疑，白銀共同基金在實體白銀短缺的情況下，很可能會發生實體白銀價格上漲，白銀共同基本下跌的情形。

ETF指數股票型基金

指數股票型基金（簡稱為ETF，全名Exchange-Traded Funds），產品實質意義是將指數予以證券化。由於指數是衡量市場的漲跌趨勢，因此投資人的報酬與該指數同步；也就是說，ETF投資組合內的股票將調整到與指數成分股完全一致（包括標的、家數、權重），因此投資人不必真正購買該標的指數基金，而是透過間接方式來購買符合指數標的股票權益的受益憑證。

指數股票型基金的特色：

1. 必須在集中市場掛牌交易，買賣方式與一般上市、上櫃股票一樣，可做融資買進與融券放空策略，不管多頭或空頭都可投資。

2. 所有的ETF都有一個追蹤指數，ETF基金淨值表現完全緊貼著指數的走勢，而指數的成分股就是ETF基金的投資組合。

3. 分割成眾多單價較低的投資單位，發行受益憑證。

4. 報價方面。在交易日中，約5～15秒計算淨值，與一般基金一天計算一次淨值不同，且價格變化如同股票一樣即時。

5. 交易費用。與股票相同，交易須扣交易手續費，賣出時會扣證券交易稅。

6. 實物購回機制。ETF的交易可分為初級市場與次級市場[註3] 兩部分，在次級市場買賣時，ETF與一般股票一樣。在初級市場時，則須透過標的實體購買機制來進行買賣。

所謂ETF的「實物申購」，是指交付一籃子股票以交換「一定數量」的ETF。相對應的「實物買回」，便是以「一定數量」的ETF換回一籃子股票。「一定數量」是指進行申購買回程序的最小單位，稱為「實物申購／買回基數」。ETF發行

註3：次級市場：市場依照發行階層做出區隔，初級市場（Primary Market）是指資金需求者（包括政府單位、金融機構及公民營企業）為籌集資金，出售有價證券給最初購買者的發行市場。次級市場（Secondary Market）是初級市場發行後的有價證券買賣的交易市場。初級市場的功能，在於讓發行機構籌措資金；次級市場的功能，在於讓最初的投資者，可以賣出持有的有價證券以變現，改做其他用途。

人訂定實物申購／買回基數，每天公布實物申購買回清單，申購、買回只能以此基數或它的整數倍進行，並且只能以實物股票形式，以大宗數量，透過參與證券商進行。

ETF獨特的實物申購買回機制，可以降低它溢價、折價的情形。就申購的程序而言，當ETF在次級市場的報價高於它的資產淨值（NAV），也就是發生溢價時，機構投資人可以在次級市場買進一籃子股票，同時賣出ETF，並將它所持有的一籃子股票在初級市場申購ETF，以因應同日賣出ETF的交割，藉此賺取價差套利。因此，藉由機構投資人在次級市場賣出ETF的動作，促使ETF價格下滑，縮小溢價空間，也間接縮小ETF市價與淨值之間的差距。

另外，就買回的程序而言，當ETF在次級市場的市價低於基金資產淨值時，代表折價情形，機構投資人可以在次級市場買進ETF，同時賣出一籃子股票，並以買進的ETF在初級市場申請買回，以因應賣出一籃子股票的交割。由於上述的套利交易，促使ETF在初級市場的價格，受到機構投資人套利買盤帶動上揚，因而使ETF的市價往上緊貼淨值，而當ETF市價和淨值的價差接近零時，同時機構法人的套利活動也將因活動的利差歸零而停止。這就是市場套利交易的進行，讓ETF市價與淨值趨於一致的效果。

除此之外，還分為兩種類型，說明如下：

追蹤型ETF：以追蹤特定指數為標的，所追蹤的指數分為

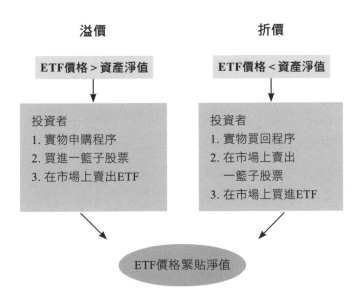

市場指數（如道瓊工業指數基金、NASDAQ100指數基金，或是史坦普500指數基金等）、產業指數（如半導體指數基金、金融指數基金等）與國家指數（如美國指數基金、MSCI英國指數基金等）。台灣50，屬於這個類型。

包裹型ETF：不易變動性是它的特色，多半以某一特定產業為主。這類型ETF共通的產品名稱是HOLDRS（Holding company Depository Receipts）。

由於ETF是以複製其標的指數為目的，主要會讓基金價格與標的指數維持連動關係，所以只會因為連動指數的股份內容及權重改變，而調整投資組合的內容或比重，達到「被動式管

理」的目的。

對市場上不同的角色也有不同的意義：對機構投資人來說，投資ETF可以即刻獲得分散風險及複製特定國家或指數表現的好處，另外也可做為期指以外避險及套利的工具。由於買賣方便，機構投資人也可藉此迅速套現，不須承受大量拋售個別股票所造成的市場衝擊，如果機構型投資人將不同國家、不同地區的ETF納入投資組合，也是達到區域性資產分配策略的最有效方式。

ETF如果廣為散戶與機構投資人接受，對證券經紀商來說，一方面可以增加買賣ETF的手續費收入，一方面也可以代理機構投資人執行創造贖回，而收取買賣ETF及一籃子股票的經紀手續費。對自營商或是從事衍生性金融商品投資的券商來說，也可以提供套利與避險交易的工具。

投資白銀ETF的優點：投資者可以隨著白銀的爆發性成長而獲利，但是，不須負擔相關的產物保險、保存費用，而且交易迅速、價格貼近市場。**缺點**：因為ETF是連動式交易，交易的價格與白銀實際市場的價格可能會不一致，因此當真正從ETF中拿回實體白銀時，價格可能已經變化了。此外，很多貴金屬學者認為，某些白銀ETF背後根本沒有足額的白銀準備。一旦，投資者想要贖回白銀時，很可能會發生無法提領且求助無門的情況。

存摺

白銀存摺的運作方式，是投資人在銀行或金融單位開立帳戶後，看當時銀行或金融單位的牌告價格，並在規定時間內，投資人可以自行決定是否親自到櫃台，或有提供線上服務的平台，進行單筆買賣，此外投資人也可以搭配定期定額方式，在每個月特定日期購買一定重量的商品。在台灣，由於營業稅法（5%）的問題，目前只有黃金存摺。在國外（如瑞士），白銀存摺沒有課稅，但必須負擔儲存、交易手續費，並且有最低交易金額或數量（重量）。

投資白銀存摺的優點：高度的流通性、沒有儲存的風險，可以小額投資，**缺點**：如果要轉換成實體必須一定的金額、數量，實體運送也需要一定的時間，而臨櫃不一定有現貨，此外要負擔儲存保險等費用，即使是存在帳戶內，通常是不會給予利息的。

期貨

期貨，全名為期貨合約（Future contract），主要運行方式是雙方透過合約簽訂，同意未來在指定的時間、價格、特定條件及商品數量，進行買賣交易。交易方式有兩種：（1）整批交付，期貨都會集中在期貨交易所，用標準化合約進行整批買賣。（2）部分期貨合約，則透過櫃台交易，也稱為場外交易合約。

　　期貨依照標的物的不同，可分為商品期貨、金融期貨兩大類。商品期貨是指買賣實體的商品；金融期貨，是指以金融工具做為標的物的期貨合約，其合約標的物不是實物商品，而是金融商品，例如：外匯、債券、股票指數等。

	金融期貨	商品期貨
資產特性	無實體標的資產	有實體標的資產
結算方式	期貨交割日，以現金結算或證券轉讓（利率期貨）	實體所有權轉讓
到期日	到約日期固定，一般是3月，6月，9月及12月	到期日依照標的實體不同而不同
履約時間	到期日較長	到期日較短
成本	儲存成本低，甚至不需成本	包含儲存、運輸成本
市場特色	對外部因素反應速度較快，也更敏感，波動性高	波動較低，較不具投機性

　　在市場中，對於生產廠商通常會使用對沖（套利）方式，減低時間對商品帶來的價格波動影響，同時鎖定利潤、成本，達到穩定標的市場的目標；然而投機者則相反，將透過交易承擔更多的風險，在價格波動中賺取差價利潤。

　　期貨市場基本上是：賺錢的人加上手續費等於輸家賠掉的

錢，也就是個對等的狀態。從另一方面來看，期貨市場對現貨
實體市場反而是個保險，保障了供應、需求的期限、數量，進
而讓經濟成長有所發展。

　　但是，如果買賣以財務槓桿操作，反而是不同的結果。
通常投機者會開戶繳交開戶保證金，約為可操作資金的 5%～
10%，做為因應商品或相關資產價格波動的預備金，而獲利、
虧損均是以本金的數百、或數千倍計算，每日收市後，交易所
會根據收市價計算每日結算價，來確定未平倉的合約價格，並
再依照合約價格確認是盈利或虧損。如果持有者的保證金總金
額低於維持水準，持倉者就必須追繳保證金，否則必須平倉止
蝕（也就是俗稱的砍倉）。

　　舉例來說，假設保證金金額是1,000元，證券交易所設定
的比例是10%，也就是你投入1,000元，可以操作10,000元的
資金，這時候的槓桿就是10：1。如果標的上漲10%，那麼是
11,000元，而你投入10,000元，就可以賺到1,000元，這樣的獲
利率就是100%。這時你的金額變成2,000元，可以投資金額是
11,000元，槓桿就變成了5.5：1。同時你也發現，隨著你本金
佔可操作資金比的上升，即使標的物以同樣的比例上漲，所能
獲利開始下降，因為要還清一開始交易商貸款給你的9,000元
本金與利息。通常交易商會設定，當你還清時，槓桿的比例就
會是0.000001：1，比值趨近於 0。然而標的物下跌時，就不是
這樣了。假設標的物只下跌 1%，將損失100元，而這時候的槓

桿就變成9900：900＝11：1，也就是說期貨保證金對下跌是非常敏感的，而且如果可投資金額低於原本的10,000元，證券商就會要求追繳補平最低進場金額。如果在24～48小時之內，沒有補足，將會賣掉你投資的部分，此外還必須追繳貸款的利息金額。

對於**白銀期貨**來說，**優點**：可以選擇實體交割商品、金融交易兩種方式進行。容易被用來投機操作，利用槓桿化以小搏大。市場資金流動性高。**缺點**：有許多交易限制，例如，商品、金融交易依據不同標的商品有不同的限制。具有高風險因素。在之前提過的白銀操縱案中，有許多銀行家就是透過白銀期貨價格這個金融工具，來打壓實體的白銀價格。因為白銀期貨市場規模對於其他金融市場相對比較小，容易被資本家、銀行家、大型企業做為避險的工具，也因此期貨價格往往低於真實的「價值」。

選擇權

選擇權（Option），是期貨裡的一種衍生性金融商品，也就是買家與賣家針對標的資產（股權、股票指數、期貨）的價格與數量，能夠在未來指定的時間進行履行的權利（買家）與義務（賣家）。在交易的狀態下，購買選擇權的一方稱為買方，出售則稱為賣方。

依照權利，分為買權及賣權：

　　買權（Call Option）是指該權利的買方有權在約定期間內，以履約價格買入約定標的物，但無義務一定要執行該項權利；而買權的賣方則有義務在買方選擇執行買入權利時，依約履行賣出標的物。

　　賣權（Put Option）是指該權利的買方有權在約定期間內，以履約價格賣出約定標的物，但無義務一定要執行該項權利；而賣權的賣方則有義務在買方選擇執行賣出權利時，依約履行買進標的物。

　　因此，在交易市場中，買賣雙方共有四種狀態：買入買權（Long Call）、賣出買權（Short Call）、買入賣權（Long Put）、賣出賣權（Short Put）。而買入買權、賣出賣權為看漲的狀態，賣出買權、買入賣權則為看空的狀態。選擇權有時間性，且四種狀態都可對沖。

　　保證金（Margin）與**權利金**（Premium），在選擇權中扮演很重要的角色。買方支付權利金給賣方，賣方繳交保證金防止違約，也就是說買方擁有買或賣的履約權利，賣方因為收到權利金所以有履約的義務。所以在市場中交易的是權利金，並不是保證金。

　　執行權利的方法可分為**歐式選擇權**及**美式選擇權**，歐式選擇權必須在到期日或特定日期才能執行權利，而美式選擇權則可以在到期日之前；任何一天執行該權利。

選擇權具有以下特性：

最常見的是**槓桿操作**：如同先前提到的部分，買方須支付小額權利金，就可以開始獲利，投機心態多採這方法。

第二種常見的就是**避險**：當投資者不確定市場的未來發展走勢時，為了控制風險並且確保獲利，可以購買選擇權的方式規避持有現貨的風險。換句話說，如果市場走勢不利於現貨，則選擇權的獲利可以彌補現貨的損失，如果市場走勢利於現貨，則選擇權部分也只損失小額權利金。以股票市場為例，當股市多空不明的時候，如果投資人手中持有現股部位，為避免股市下跌而遭到資產損失，則可以買入賣權的方式來避險，未來如果股市上漲，則現股部位將由股市中獲利，選擇權最多的損失為權利金；而如果股市下跌，則將執行這項賣權來彌補股市的損失。

第三種是**延遲投資決定**：由於擁有選擇權的一方可以在未來期間決定是否買入或賣出的權利，因此可給予投資者足夠的時間判斷，避免造成錯誤的決策，而且如果是採美式選擇權的買方，能在資金不足的時候暫時不執行權利，對（廠商）資金調度較為有利。

看漲選擇權的應用說明：

假設廠商A要賣空該股票，為了防止上漲導致損失，廠商A透過證券商向B買入一筆買權，如果現在該標的產品為每單

位100元，則規定到期後依照選擇權規定，廠商A可以150元價格向B買入該單位的股票。假設屆時漲到200元，廠商A可透過該買權拿到該價格，而廠商A的獲利為50元扣除權利金，可用來彌補股票上漲的損失。相對的，如果價格只有漲到130元，則廠商A就會放棄該買權，而B不可要求廠商A履約，則廠商A的損失為買入買權的費用。

投資白銀選擇權的好處，如同期貨一樣。而白銀期貨有的缺點，白銀選擇權一樣也沒少，而且還有短線投資與不能轉讓的特性，同時也要承擔整個投資商品的風險。如果準備投資白銀選擇權，必須研究多一點知識與市場技巧比較好。

權證

權證（Warrant），具有衍生性金融商品的特徵，均為約定持有人在規定期間內或特定的到期日，要以約定價格向發行人購買或出售該標的物的證券或是使用現金結算。看似與期貨、選擇權交易方式相同，但在履約價格、發行者、到期時限、履約的權利及義務、權利金、契約數量，甚至是結算方式略有不同。下列將針對以上各項目做出三者的比較，請見152頁表格。

在履約價格部分，選擇權標的物履約（交割）價格是由交易所所制定，而權證是由權證發行者所制定，此價格在契約期間並不會改變，但選擇權與權證市場上買賣雙方決定的是權利

金，而不是標的物的履約價格；期貨的履約價格則是由市場決定。

在發行者的部分，選擇權與期貨都沒有所謂的發行者，在市場中的流通數量並沒有限制，也就是說只要有買方和賣方，就可以進行交易。然而權證必須透過認證的機構才能發行，而且數量有限，不能無限制發行。

一般而言，選擇權、期貨的到期時限是透過交易所制定，大多是二到三個月，最長也大約在一年之內，但部分交易所會推出期限超過一年的長期選擇權，權證部分則多半超過一年。

在權利與義務的部分，選擇權、權證的買方均可選擇是否行使權利（買或賣權），而賣出權利方（賣出買或賣權的一方）則有履行的義務。在選擇權的市場中，任何人只要賣出權利，就有履約的義務，而權證因為發行對象不同，則是由發行者（單位）負擔履約義務，且一旦在次級市場發行，只是權利的轉移，履行義務仍為發行者（單位）。對期貨來說，買賣雙方均有義務履行契約的內容。

權利金在選擇權、權證均賦予買方權利，也就是證明買權、賣權有它的代價，買下買權或是賣權的一方，必須支付權利金給賣方。此外，在保證金的部分，因為選擇權賣出權利的一方有義務履約，所以賣方必須繳交保證金為履約的保證。權證是因為由發行者（單位）所發放，所以不須繳交保證金。期貨在契約成交時，買賣雙方沒有金錢的轉移，所以買賣雙方均

必須繳交保證金。

　　履約價格與契約數量在三者之中也有不同，選擇權在掛牌價格時，除了到期時間不同，有不同的履約價格外，如果在契約期間標的物價格波動過大，則必須加掛新的履約價格，加上買權、賣權的分別，同時掛牌的契約數量將會非常多。

　　相對於選擇權，權證雖然有到期月分、履約價格的不同，但是履約價格與到期月分發行時已經確定，並不會隨標的物價格不同而增加，也因為發行者（單位）固定只會有一個到期日及一個履約價格，所以相同標的物的契約數量不會太多。對於期貨來說，相較之下比較單純，僅有到期月分的差異，數量也有限。

　　在結算方式上，選擇權的賣方（賣出買或賣權的一方）及期貨買賣雙方均有履約的義務，所以繳交保證金做為履約的保證，而且保證金的額度大多是每日結算，如果保證金額度低於規定的比例時，就必須補交差額保證金，但也因此可以讓投資者進行控制金額。由於權證的義務是由發行商進行負擔，因此必須持有一定的數量標的物才能發行，也不需要保證金，所以也不須結算。至於選擇權、權證的買方（買入買或賣權的一方）在繳交權利金之後，便無任何義務，所以也不須每日進行結算。

	選擇權	認股權證	期貨
履約價格	由交易所訂定	由發行券商訂定	在市場依買賣結果決定
到期時限	有近月及遠月契約，存續期間多半在一年以內	多為一年以上	有近月及遠月契約，存續期間多半在一年以內
交易金額	權利金，買方支付給賣方	權利金，買方支付給賣方	無
保證金	賣方繳交	無，但發行券商必須具備一定資格，且持有一定數量之標的物以為履約準備	買賣雙方均須繳交
發行量	無限	依發行券商所發行的數量	無限
權利主體	買方	買方	買賣雙方
義務主體	賣方	發行券商	買賣雙方
履約價格契約數量	不同履約價格與到期月分組成眾多契約，且會根據標的物價格的波動，而增加新的履約價格	發行時通常只有單一履約價格及到期日，不會隨標的物價格的波動而增加	僅有不同到期月分的分別
結算方式	針對賣方部位須進行每日結算	無	買賣雙方的部位均須做每日結算

　　投資白銀權證的優點：是高流動性，但附帶有競爭性的價格，同時也沒有儲存、賣出稅務的問題，同時價格也很透明。**缺點**：交付的時間比較長，且交付的並不是實體的白銀。

礦業股票

　　礦業股票（Mining Stock, Mining Share），就是投資採礦公司上市的股票，而不是實體的資產。通常探勘到一個礦脈到實際產出需要五年的時間，在這期間仍須面對許多風險，例如，探勘風險、化驗風險、管理風險、財務風險、交易風險。其中探勘風險與交易風險是近年來比較主要的議題，說明如下。

　　探勘風險，是要探查地底下的礦產存量、開採的條件。礦產有分為露天礦及地下礦，而開採露天礦所需的開採支出較低，且與地下礦的開採比例來說是指數性地提升。從下頁開採圖形看到，地表上深度10公尺的開採都是一樣的，但如果要安全地開採底下的礦脈，則必須採傾角45度的礦道往下挖，以維持礦坑不會崩塌。因此，為了挖出更深處、同樣數量的礦產，必須建造運輸通道的長度與運輸的經費就大大提高了。而從下頁的圖形可以看出如果單純是露天礦脈，則每公噸開採成本穩定；而地下礦的開採則隨著深度的增加，成本則加劇。

　　交易風險，則是因投資礦業股票相對於實體也是一種財務槓桿，例如：假設A礦業公司每盎司的開採成本是200元，而

礦場開採成本圖

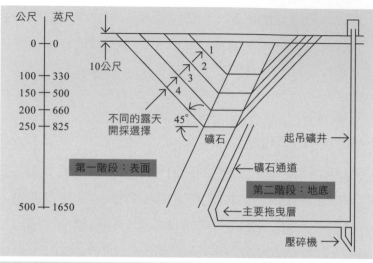

公尺 英尺

0 — 0

100 — 330
150 — 500
200 — 660
250 — 825

500 — 1650

10公尺

1
2
3
4

不同的露天
開採選擇

45°

礦石

起吊礦井 →

礦石通道 ←

第一階段：表面

第二階段：地底

← 主要拖曳層

壓碎機 →

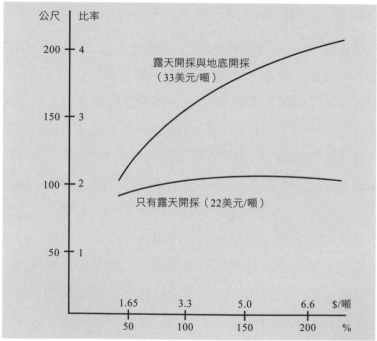

公尺 比率

200 — 4

露天開採與地底開採
（33美元/噸）

150 — 3

100 — 2

只有露天開採（22美元/噸）

50 — 1

1.65   3.3   5.0   6.6 $/噸
50   100   150   200   %

資料來源：Coal Trading Blog，2010-06
http://bestcoaltrading.blogspot.tw/2010/06/ultimate-pit-depth.html

B礦業公司的成本是每盎司250元。如果該礦業市場每盎司從
300元變成325元，透過下列表格可以說明這上漲的狀況。

公司	市價300元／盎司的利潤	市價325元／盎司的利潤	獲利百分比
A礦業公司	100元	125元	+25%
B礦業公司	50元	75元	+50%
礦產實體			+8.3%

　　在上漲的時候，如果投資開發成本比較高的公司，會獲得
比較高的獲利百分比。然而在下跌時，同樣會像一把雙面刃一
樣砍向自己。從中可以發現的是實體部分，如果上漲同樣的數
字隨著市價愈來愈高，成長的比例會隨著下降，但獲利性則沒
有這麼大。如果B礦產公司只有出產一種礦產，或是沒有透過
其他標的物做對沖，則公司受到市場的影響將會非常大。

公司	市價300元／盎司的利潤	市價275元／盎司的利潤	獲利百分比
A礦業公司	100元	75元	-25%
B礦業公司	50元	25元	-50%
礦產實體			-8.3%

　　礦業公司可分為兩種，一種是有經營歷史的公司（已開採的礦坑），另一種則是年輕的公司（新開採的礦坑）。對有經營歷史的公司來說，通常都已經有良好的資本並且擁有世界級的營運模式，相對的現金流動的速度也較為緩慢，但是穩定；也就是說，投資或研究分析這樣有經營歷史的公司是比較容易的，最經典的例子就像是上述的A礦業公司一樣，具規模化且可以降低開採成本的狀態。相對的較年輕的公司就像上述的B礦業公司一樣，所擁有的條件比較差，沒有很多的資本，以及較高的獲利率。

　　通常年輕的公司會有三種結局：第一種，如果經營失敗，對銀行、投資者都將造成財務缺口；第二種，當產生足夠的金流、並讓有經營歷史的公司認可，則有經營歷史的公司會考慮買下它所有的股票，這時銀行、投資者都將大賺一筆。第三種，該公司發現了相當大的礦脈，而且市場大量需要這樣的礦產。如此，年輕的公司將會在短時間內獲得高額的回報，並且與有經營歷史的公司平起平坐。

　　投資礦業股票的優點：如果公司有妥善的管理，並且有良好的財政運作狀態，將擁有資本增值的空間與機會（產生股息）。**缺點**：需要比投資實體白銀多一些資本，同時必須了解公司、市場運作的規則與知識。

實體白銀的投資工具

在實體白銀的部分，將透過重量、大小、附加價值等進行分類。此外，由於現在是網路的年代，透過網路平台購買，卻發生背信、假貨的問題層出不窮，下列將討論網路下單購買以及其他必須注意的事項。

銀幣

銀幣通常分為流通型與紀念型兩種，如果透過國家發行則具有面額額度。換句話說，該銀幣同時具有法定貨幣的面額，也具備本身在原物料市場的價值。在現今的銀幣市場上也有一定的重量標準規格，例如：1盎司（Oz）、10盎司、5公克（g）、10公克、1公斤（kg）、10公斤等重量規格，而且純度百分比通常達99.9%以上。如果選擇的是具有面額的銀幣，在市場上比較具有公信力，數量、品項必須透過國家政府定義控管，並且具有可追溯性。用途性也比較廣，在投資、贈禮、收藏的使用上較多。

流通型銀幣的特色是發行數量較多，發行圖案固定，通常是具有國家代表意義的標示形體、元首圖案等。由於發行數量較多，多由政府控管並授以面額，因此購買者多為投資用途。在純度方面，依照各大鑄幣廠的規定進行。在世界級流通型銀幣中，以加拿大皇家楓葉銀幣純度最高，達99.99%，而最低的則是大英帝國大不列顛銀幣，只有95.80%。

鑄幣廠	起始發行年	重量	純度
墨西哥自由銀幣 （見下圖）	1982	1/20盎司、1/10盎司、1/4盎司、1/2盎司、1盎司、2盎司、5盎司、1公斤	99.90%
中國熊貓銀幣	1983	不固定	99.90%
美國鷹揚銀幣	1986	1盎司	99.90%
加拿大皇家楓葉銀幣	1988	1/2盎司、1盎司	99.99%
澳洲笑鴗鳥銀幣	1990	1盎司、2盎司、10盎司、1公斤	99.90%
澳洲袋鼠銀幣	1993	1盎司、2盎司、10盎司、1公斤	99.90%
大英帝國大不列顛銀幣 （見下圖）	1997	1/10盎司、1/4盎司、1/2盎司、1盎司	95.80%
奧地利維也納愛樂銀幣	2008	1盎司	99.90%
俄國喬治勝利銀幣 （見下圖）	2009	1盎司	99.90%

墨西哥自由銀幣　　　大英帝國大不列顛銀幣　　　俄國喬治勝利銀幣

　　紀念型銀幣的特色是發行數量較少，但具有美麗的圖案，一般鑄幣廠會發行具有該國歷史、吉祥物、紀念人物等圖案。由於發行量少，購買者多為收藏、贈禮用途，增值空間也較流通型銀幣高，它的價值在於投資，所以單價也較流通型銀幣高，每年市場溢價大概是15%～100%不等。世界知名的紀念銀幣鑄造商有：澳洲柏斯鑄幣廠（Perth Mint）所發行的生肖紀念銀幣（見161頁圖）、變形金剛雷射紀念銀幣；加拿大皇家鑄幣廠（Royal Canadian Mint, RCM）所發行的彩色楓葉銀幣等。

　　投資銀幣必須考量的是流通性與公信力，因為知名的銀幣在國際上辨識度高，在交易所、實體販售的時候比較容易被優先回購。下列介紹幾種在世界上具有公信力的投資銀幣。

　　加拿大楓葉銀幣（見下圖）是加拿大政府發行，並具備法定面額的貨幣，該銀幣是由加拿大皇家鑄幣廠所鑄造，該廠鑄幣的歷史有105年（1908/1/2開始營運），在工藝技術、純度、重量等方面，都擁有非常高的國際評價。在銀幣市場上，有許多收藏者喜歡蒐集楓葉銀幣，是因為它的美感、圖案設計，也因此楓葉銀幣在市場上比其他銀幣來的有收藏價值。楓葉銀幣的正面雕刻非常精細的一片楓葉，銀幣外圍則分別標記著，此枚銀幣的鑄造國家、材質、重量及純度。反面則是英國女皇伊莉莎白二世的側面肖像，肖像的外圍則標記著女皇伊莉莎白二世的名字，及此枚銀幣的面額及生產年分。楓葉是加拿

大的國徽，所有加拿大發行的金幣或銀幣中，最著名的就是以楓葉為圖案的加拿大楓葉金幣或加拿大楓葉銀幣。楓葉銀幣是世界上最著名的流通型銀幣之一，純度99.99%，也是目前世界各國所發行的銀幣中純度最高的。

美國鷹揚銀幣（見162頁圖）是美國聯邦政府唯一承認的銀幣，在重量、純度都有國際程度的保證與品質，而且同時賦予一定的美元面額，讓該鷹揚銀幣同時具有貨幣與貴金屬原物料的價值。銀幣的正面是肩上披著美國國旗，手裡拿著橄欖樹枝的自由女神，正漫步走向升起的太陽。女神上方的字「LIBERTY」表示自由，下方標示此枚銀幣的生產年分，右下方的字「IN GOD WE TRUST」，是美國非常著名的格言「主內互信」。反面則是展開雙翅的老鷹，一隻爪上抓著幾隻弓箭，另一隻爪上抓著橄欖樹枝，胸前武裝著盾牌，翅膀上的拉丁文「EPLURIBUS UNUM」是另一則美國著名的格言「萬眾一心」，老鷹頭上的十三顆星星，表示早期移民至美

澳洲生肖紀念銀幣

變形金鋼雷射紀念銀幣

加拿大彩色楓葉銀幣

國的十三支隊伍。銀幣的最上方標記著此枚銀幣的鑄造國家為美國，下方則標記著此枚銀幣的材質、重量及面額。美國鷹揚銀幣最早是由財政部於1986年11月24日發行。由於最近幾年需求暴增，此枚銀幣一由財政部送交各大批發商後，旋即銷售一空，甚至常常發生因為原物料供應不及而暫停生產的情況。

維也納愛樂銀幣（見下圖）是奧地利鑄幣廠所鑄造，在重量、純度上均與美國鷹揚銀幣相近，然而最大的不同是，在奧地利加入歐盟（2012年1月1日）後製作，所以該銀幣的面額幣值是採用歐元計算。銀幣的正面是雕刻非常精細的巨大管風琴，正是奧地利維也納最大音樂廳的正面建築樣式，世界知名的維也納愛樂金幣、銀幣，就是以此當作正面圖案。建築物下方標記著「1 UNZE FEINSILBER」，表示此枚硬幣為1盎司的高純度銀幣，另外也標記了此枚銀幣的年分及面額。建築物上方的「REPUBLIK OSTERREICH」，標記著此枚銀幣為奧地利政府製造。反面則是各種演奏交響樂時所使用的樂器整

齊地排列著，這些樂器分別是：法國號、巴松笛、大提琴、兩支小提琴及兩支中提琴。樂器上方的幾個大字「WIENER PHILHARMONIKER」是指維也納愛樂樂團，大字下方的小字「SILBER」表示這枚硬幣的材質為銀。此枚銀幣從2008年開始發行，是世界各種流通型銀幣中第一個、也是唯一一個以歐元為其面額的銀幣，而且它雕刻之精細在流通型銀幣中非常罕見。

　　澳洲袋鼠銀幣（見下圖）是由澳洲皇家鑄幣廠（Royal Australian Mint）鑄造，相較於其他世界知名鑄幣廠，澳洲皇家鑄幣廠啟用至今只有48年（1965年），但目前是澳幣的生產製造廠，同時也替其他國家鑄造貨幣，例如：紐西蘭、馬來西亞、菲律賓、以色列、泰國、尼泊爾等。澳洲袋鼠銀幣每年都會推出不同的圖樣，而且是限量發行，例如，2013年的澳洲袋鼠銀幣只發行兩萬枚，因此在收藏價值上非常高。在銀幣正面是一隻澳洲袋鼠，隨著每年的設計不同會有站立在草原、夕

陽下等圖樣，銀幣下方會標記著此銀幣的重量及材質，上方則標記著此枚銀幣的面額。反面則是英國女皇伊莉莎白二世戴著皇冠的側面肖像，肖像的外圍則標記著女皇伊莉莎白二世的名字，及此枚銀幣的鑄造國家及生產年分。

澳洲笑鴗鳥銀幣（見下圖）是由澳洲柏斯鑄幣廠所鑄造，澳洲柏斯是個地方產礦，柏斯鑄幣廠興建於1896年，是世界上古老的鑄幣廠之一，比它更早的雪梨鑄幣廠與墨爾本鑄幣廠都已經停止營運。因為悠久的歷史與工藝技術聞名於世，在重量、純度上均具有公信力，此外在面額上也由澳洲政府予以保證。銀幣的正面是兩隻笑鴗鳥的圖形，銀幣上方標記著澳洲笑鴗鳥的英文，下方則標記著此枚銀幣的材質、純度、重量及生產年分。反面是英國女皇伊莉莎白二世戴著皇冠的側面肖像，肖像的外圍則標記著女皇伊莉莎白二世的名字，及此枚銀幣的鑄造國家及面額。笑鴗鳥銀幣的特色是因為笑鴗鳥是澳洲的傳奇性鳥類，它的叫聲響亮且聽起來像人的笑聲而聞名。澳

洲政府從1990年起，開始發行笑鴗鳥系列銀幣，而且每年都會更新設計。其中 1 英兩規格銀幣，每年限量發行30萬枚，其他規格則無發行上限。

　　中國大陸熊貓銀幣（見下圖）是中國人民銀行所發行，鑄造廠有：上海鑄幣廠、瀋陽鑄幣廠、深圳鑄幣廠三家，由中華人民共和國保證它的重量、純度與面額。與美國鑄幣廠不同的是，中國鑄幣廠通常不會在銀幣上鑄刻該鑄造廠名稱。銀幣的正面是熊貓的圖形，銀幣的上方標記著此枚銀幣的面額，下方則標記著此枚銀幣的材質、重量及純度。反面則是中國知名的景點天壇，天壇的外圍則標記著此枚銀幣的發行國家及生產年分。近年來中國白銀市場興起，中國熊貓銀幣也開始搶手，隨著發行量逐漸變高，也有超過預期發行量的狀態，投資消費者須多加注意（2011年熊貓銀幣發行量有3,000萬枚的發行上限，但實際上則是發行了6,000萬枚於實體銀幣市場）。

投資銀幣的優點：單位投資金額較低，體積小，所以易於保管，而且擁有的面額容易兌換，如果是國際知名鑄造廠所鑄造，則流通性非常高。**缺點**：實體白銀必須解決儲藏問題（例如，保險箱、保險公司、保險費），且溢價高於銀條。

銀條與銀磚

銀條或銀磚通常都是透過鑄幣廠、貴金屬精鍊公司或是回收廠所製成。在瑞士和列支敦斯登（Liechtenstein，介於瑞士及奧地利兩國間的中歐內陸小國）等國家是可以透過櫃台買賣，也就是不用透過集中市場進行交易，而是在證券商的營業櫃台以議價方式進行交易，優點是買賣雙方可以洽談特別的交易條件，不採集中市場的標準合約（如：遠期外匯）。相對的，櫃台買賣市場的缺點就是資訊較不公開，而且沒有證券商的履約保障。

此外，白銀現貨在市場上的代碼為XAG，如果是以美元交

易白銀現貨，則代碼是XAGUSD。紐約商品交易所（The New York Mercantile Exchange, Inc.）的COMEX分部（The Commodity Exchange, Inc.）以及倫敦貴金屬交易協會（LBMA, London Bullion Market Association，隸屬於英國銀行）是白銀現貨交易比較大（1,000盎司）的地方，這兩個交易所也是世界上最具規模、交易量最大的期貨商品市場。

　　世界知名的銀條鑄造廠有加拿大皇家鑄幣廠，而回收廠或化工廠有英國Johnson Matthey化工廠、美國Engelhard公司、德國賀利氏貴金屬公司、台灣光洋科回收廠，以上各廠商的銀條均具有世界級的公信力，下列將對這些公司所製造的銀條、銀磚進行介紹。

　　加拿大皇家銀條（見下頁圖）是由加拿大皇家鑄幣廠所製造，該鑄幣廠的歷史、工藝技術已在前頭敘述過，但特別的是此款銀條是目前全世界純度最高的銀條之一（達99.99%），銀條的正面標記著此銀條的鑄造廠商、製造年分、序號、重量、材質及純度。

　　英國Johnson Matthey銀條　英國Johnson Matthey化工廠所製造，銀磚上方是知名英國化工廠商Johnson Matthey的商標，該廠成立於1817年，距今已有將近200年的歷史。銀磚下方則分別標記此銀磚的純度（999純銀）、重量（100 troy ounce）及認證單位的印記。

　　Engelhard銀條　原在美國生產，該公司於1902年在紐澤

西州開始營運，但2006年以500萬美元賣給德國BASF化學製造商，所生產的銀條雖然純度、重量、公信力高，但因為該公司的貴金屬部門已不再生產銀條，目前市場上所流通的都是二手商品，因此仿冒贗品很多，購買時必須注意產品的真偽。

德國賀利氏銀條　由德國賀利氏（Heraeus）貴金屬公司出產，該公司於1851年開始營運，歷經二次大戰之後仍屹立不搖，是典型的家族企業，沒上市，營業項目包含貴金屬、牙醫原料、醫學科技產品、光學感測器（太陽能）等相關產品，它供應給客戶的除了原物料之外，也要銷售太空、汽車、通訊、化工、生醫及鋼鐵產業。銀條上方寫的是Heraeus賀利氏公司名稱，中間Feinsilber德文字樣代表的是純銀（處理過的銀料），999.0表示該銀條的純度，Heraeus Edelmetalle HANAU則是標註該銀條是在德國哈腦的賀利氏貴金屬所生產，在銀條底下則是標記著重量。

光洋科銀條　由台灣光洋應用材料科技公司生產，該公司跨足的業務包含貴金屬化學材料、薄膜濺鍍、車用化學、資源回收及物性分析。它的技術、品質是亞洲區唯一獲得倫敦貴金屬交易協會（LBMA）肯定的公司。銀條、銀磚都遵守LBMA的交貨標準程序進行生產、鑄造、包裝，而且每塊銀條都會附上流水號，由於是在台灣生產，運輸、保險、回收也較便利，但購買單位重量較高，一次需要較多的資金才能進行購買。

加拿大皇家銀條　　英國Johnson Matthey銀條　　德國賀利氏銀條

Engelhard銀條

光洋科銀條

投資銀條的優點：單位價格比銀幣低，同時國際級銀條流通性高，價格也較為單一透明。**缺點**：單位較大，一次購買的價格比較高，也必須要了解國際市場交易市場的規範。

銀章

銀章（Silver Medallions, Silver Rounds），又稱銀元或銀圓，指**不具有貨幣功能的銀幣或銀製品**，重量不比銀條重。它的種類較廣，包含：古代錢幣、客製化紀念章（旅遊景點、人物、節慶）等，在純度以及重量上參差不齊，多在收藏投資用途上。

近年來比較沸沸揚揚的古錢幣有**中國的龍銀**、**美國摩根銀圓**（Morgan Silver Dollar）。中國的龍銀是近年來古董市場上錢幣類較著名的，重量約27公克上下，可分為**大日本帝國龍銀**（見下頁圖）、**清朝龍銀**兩種，兩者的背面都有一條盤旋的巨龍，因此著稱，但因為數量多、偽幣等問題，導致真正的龍銀價值下滑，如果要等到價格上升，恐怕還得一段時間。

美國摩根銀圓（見下頁圖）　是美國政府在1878年至1904年間以及1921該年所製造及使用，成分含90%的銀和10%的銅，重量為0.86盎司，而金衡制重量為0.77344盎司。摩根銀圓是近年來少見具有溢價高、純度低，但擁有高於白銀現貨價格的銀圓。由於數量固定、辨識度高，讓摩根銀圓成為近年來古董交易市場上水漲船高的商品之一。

美國摩根銀圓　　　　　　　　　　大日本帝國龍銀

　　投資銀章的優點與投資銀幣類似，但是公信力比銀幣略遜一籌，如果是古董類的銀章則有更高的投資報酬率；然而缺點也與銀幣相同。此外，如果銀章的生產商不夠有公信力或是古董市場所認定的，那麼兌換流通性將大大下降。

紙白銀vs.實體白銀

投資白銀前的考量

　　先前在白銀投資工具的章節中，已經列舉了許多白銀商品，最明顯的分類就是紙白銀與實體白銀。在白銀的歷史地位、工業需求上，前面章節已經做了詳細說明。由於每個人投資的方式不同，面對市場那隻「看不見的手」，事前的準備尤其重要。因此，在下面的內容中，將透過投資者或投機者？資產配置、經濟局勢三個部分，來討論及判斷你適合哪種白銀投資工具。

一、投資者或投機者？

首先，透過以下六個問題來檢視自己是投資者或投機者：

1. 我對這項標的物過去的市場趨勢足夠了解嗎？是否研究透徹？
2. 我想短期獲利？還是長期獲利？
3. 我是否有完整的投資計畫？買進、賣出的價格為何？是考量市場基本面？還是末端供需？
4. 我可以承擔的風險有多高？是否可以量化？
5. 這項投資標的物，在我的資產項目中是如何配置的？
6. 我是否有定期檢視自己的投資計畫？

投資者和投機者最大的不同就是對於**風險的考量**。投資者在對一個投資標的物進行購買、賣出，都會經過嚴謹地計畫、了解標的物及市場的趨勢，並將投資風險降至最低；而投機者面對同一個投資，將利用財務槓桿選擇承擔更高的風險，以獲取更高的報酬。相較之下，投資者比較偏向長期觀察市場趨勢並擁有明確的投資計畫，進出市場的次數大多比較少；投機者則著重在短期市場的走勢，以賺取市場的價差。首先，要界定自己是屬於哪一種投資類型才能制定相關的投資計畫及該注意的市場資訊。

簡單來說，紙白銀與實體白銀最大的不同，便是購買者所買進的商品有沒有100%的實體白銀儲備。眾所皆知的紙鈔是

具有公信力且方便交易的金融媒介，而現代的白銀大多被認為是單純的貨物商品。兩者的差異在於流通性與市場的變動性，由於現在的金融交易市場自由化，因此透過各種管道（金融衍生性商品）均可快速地將資金投入該市場並進行交易，如果市場的資金變多（通貨膨脹），也會加快、加深金融市場的發展。同樣的，各產業資產的連結性也會隨之大幅提高，所以如果你比較偏向短期交易、賺取價差者，首先要面對的是金融市場上的產品流動性、連動性及市場經濟政策（證交稅、量化寬鬆、各國債務狀態等），這些都該列入你的風險評估。相對的，投資實體白銀則必須了解相關工業需求、市場需求、總體經濟等相關課題並想辦法解決儲藏的問題。

　　根據美國紐約商品交易所統計，每天白銀的交易量為 1 億盎司，但是實際每年投入市場的實體白銀，只有900萬盎司。從2000年的網路泡沫以及2008年的金融風暴來看，各種產業都有可能透過多種金融衍生商品進行避險，進而導致只要少數人、金額微量的違約，就將演變成大型的經濟浩劫，因此各大企業均在尋求各種可能的方式下進行避險，而貴金屬中的黃金、白銀，就是人類歷史上所公認的真實貨幣，而且也是最終貨幣。

　　投資風險的考量在於經濟體的動盪不安，往往會牽連到整個市場的脈動，其中影響最大的就是匯率市場。匯率與供需市場是一體兩面，其中最常見的就是為了要平衡匯差，讓政府或

中央銀行決定是否印鈔票投入市場。然而印出的鈔票愈多，代表通膨愈嚴重，最終沒辦法的時候，有可能會導致戰爭或經濟重整。兩者同樣都是廢棄該國舊的交易媒介（鈔票）所採取不同嚴重程度的手段。如果國家政權、武力穩固，將開始進行金融重整，發行新的貨幣，例如，歷史上曾經發生過的美國林肯綠幣、台灣新台幣等。

由於發行新的貨幣，將會出現新、舊兌換比例上的差異，而白銀銀幣上的幣值，卻能保有兌換相同新貨幣的特色，因為白銀銀幣是具有：（1）貴金屬原物料的價值，（2）它擁有該國國家對應的幣值等雙重保障貨幣的特色。

現今，世界上最強的經濟體還是在美洲，尤其是北美地區的美國及加拿大；美國的經濟實力雄厚，而加拿大出產多種礦產、原物料等，如果世界發生大型的金融風暴、經濟變革，這兩個國家還是有本錢屹立不搖。所以如果想投資銀幣，可以選擇**美國鷹揚銀幣**及**加拿大楓葉銀幣**。

如果要選擇投機型的方式進行，那麼選擇白銀相關的金融衍生性商品有比較好的優勢，它的交易迅速便利是主要的優點，但投資的可能是白銀相關產業的股票、基金、ETF、選擇權等綜合組成的金融標的物，它的指數只是與白銀連動，並非白銀本身。

其中比較值得注意的是礦業股票或ETF，也是廣為人們所使用的投資工具。在這方面，美國的大衛‧摩根（David

Morgan）是國際白銀權威，也是礦業股票專家，研究白銀長達四十年。

艾瑞克・史波特（Eric Sprott）有超過三十五年的投資經驗，是加拿大上市公司Sprott證券及資產管理公司的創辦人、首席執行官與投資經理，該公司在過去幾年推出白銀信託（PSLV），也就是有100%的實體白銀做為儲備的ETF，在市場上有高度的信任度。

這家公司有幾個特色：（1）擁有100%的實體白銀儲備。（2）有獨立保存（Full Allocated）的保證，也就是說你當初買進的白銀是哪一條，領出時，就是那一條。（3）固定單位數，類似封閉型基金。儘管該公司表明不投資其他的期貨、金融衍生物，也強調存放地點是在加拿大而不是美國，保管者是加拿大政府不是私有銀行，但在信貸資本主義下，很多狀態還是不比手持現貨來的保險。此外，它的缺點是：手續費高於一般ETF，審核嚴格，也不能隨意提領。

二、資產配置

一般民眾通常會陷入匯率與幣值的迷思，但實際上，貨幣的升值或貶值只跟進出口有很大關係，經濟愈繁榮幣值就會升，連帶生產成本愈高，則不利出口，但有利進口；經濟愈差，幣值就會貶，生產成本降低有利出口，但不利進口，這些都是相對且相互連動的。

　　一般購買白銀的人們，會認為貨幣貶值有利於自己的白銀投資，然而卻不盡然。舉例來說，人們會因為貨幣貶值，造成白銀價格上漲，進而覺得自己的資產變多了，但卻忽略了物價也會同時反應著通貨膨脹，而跟著上漲，因此最終的可能會發生的情形是：通膨前資產所能換到的物資，與通膨後資產所能換到的物資相同。

　　這裡指出三個重點：

　　1. 通貨膨脹會影響的是那些沒有把資產轉移到其他可以兌換對等物資的人，也就是說，通貨膨脹會對現有的貨幣貶值，所以很多人會說這是政府對全民暗中徵稅的手段。

　　2. 評估購買力才是評估資產是否有上漲的關鍵。舉例來說，如果你現在的資產可以購買10個A商品，而在未來如果你的資產可以購買20個A商品，則表示你的資產上漲了，這與投資黃金、白銀無關，也與通貨膨脹、緊縮無關。

　　3. 匯率表示的只是該國貨幣此刻在另一個國家的購買力，雖然國家經濟強弱跟幣值有關，但不是絕對的。

　　現行的貨幣匯率，為什麼對比較各國人民的生活水平將會產生誤導呢？舉例來說，墨西哥的比索相對於美元貶值一半，那麼以美元為單位的國內生產總值也將減半。可是，這並不表示墨西哥人變窮了。如果以比索為單位的收入和價格水平保持不變，而且進出口貨物對墨西哥人的生活水平並不重要，那麼貨幣貶值並不會導致墨西哥人生活品質的惡化。

　　所以，使用「**相對購買力指標**」來進行評估，似乎比較合理，這是一種根據各國不同的價格水平，計算出來的貨幣之間的等值係數，讓我們能夠在經濟學上對各國的國內生產總值進行合理的比較，這種理論匯率與實際匯率可能有很大的差距。

　　「相對購買力指標」較為人所知的例子，就是《經濟學人》（*The Economist*）雜誌所創造的「大麥克指數」（Big Mac index），這項指標是比較了各國麥當勞分店的麥香堡價格：如果一個麥香堡在美國賣2.5美元，在英國賣 2 英鎊，購買力平價匯率就是2.5÷2＝1.25。要是 1 美元能買入0.55英鎊（或 1 英鎊＝1.82美元），則表示以兩國麥香堡的售價來說，英鎊兌美元的匯價被高估了45.6%〔（1.82-1.25）÷1.25×100%〕。對相對購買力指標來說，必須對許多標的物進行兌換，以避免該標的物在A國的價格是奢侈品，在B國的價格卻是生活用品。

　　在白銀這塊為人熟知的相對購買力指標，就是白銀對美元、白銀對納斯達克指數、白銀對國民生產毛額等，用以評估白銀是否讓資產上漲的依據。

　　通貨緊縮的時候，白銀也是會上漲的。因為通貨緊縮時，匯率會上升，造成民眾會大量存錢，在這現金為王的時候，最有價值的貨幣就是黃金與白銀，因此通貨緊縮的時候，白銀也會同時上漲。同樣的事情在1928到1933年，美國經濟大蕭條的時候就曾發生，在這六年之中，黃金價格漲幅從每盎司20.67

美元到24.44美元，漲幅高達10%，同時美國政府也利用印製白
銀券（Silver Certificate，1878-1964），來當作黃金儲備以穩
定金融市場。這說明了，不管是在通貨膨脹、還是通貨緊縮時
期，黃金與白銀都是比較不會貶值的貴金屬。

三、經濟局勢

連動性：量化寬鬆

量化寬鬆（QE, Quantitative Easing）是一種貨幣政策，當
官方利率為零的情況下，央行仍繼續挹注資金到銀行體系，以
維持利率在極低的水準。它的操作方式：主要是中央銀行通過
公開市場買入證券、債券等，使銀行在中央銀行開設的結算戶
口內的資金增加，為銀行體系注入新的流通性，甚至會干預外
匯市場，提高貨幣供應。或者會向市場提供流動資金，並在銀
行結算戶頭上計算總結算金額。簡單來說，量化寬鬆貨幣政策
就等於是央行「印鈔」，藉以購買政府及企業債券等資產，來
增加貨幣流通量，進而刺激銀行借貸，以達到重振經濟的目
的。

量化貨寬鬆貨幣政策一詞最早出現在日本，1980年代當時
由於日圓大幅升值，導致資產及資本市場呈現出不理性的暴漲
情況，最後在市場一片過熱的狀態下，熱錢大舉撤出日本，導
致日本資產呈現泡沫化狀態，自此日本內需開始步入長達數十
年的經濟蕭條，長期以來一直處於通貨緊縮的狀態。

　　當時日本政府為了挽救國內的經濟活動，大舉施行一系列
的寬鬆貨幣政策，包括將利率調降到零利率的水準，以及大舉
買入公債釋放出資金，期望藉此刺激民間的投資、融資活動，
並鼓勵大眾消費。然而這一系列的貨幣政策手段，並沒有成功
協助日本脫離經濟持續衰退的困境，此時日本正式步入凱恩斯
所提出的假說──流動性陷阱（Liquidity Trap），也就是釋放
到市場的資金及長期的低利率政策，與國內的失業率呈現負向
關係，歸結其背後的原因和釋放出來的資金，並沒有全數流入
投資活動及民間消費有關。

　　至於量化寬鬆後，為什麼沒有效果？是因為印製出來的
鈔票會透過銀行進行放款，如此政府可以透過銀行進行資金
的管控，避免金錢被無度使用與浪費。然而經過金融風暴後的
市場，讓僅存的銀行變得小心謹慎，對於貸款的條件較以前嚴
苛，因此雖然印了鈔票，但這些鈔票都留存在各銀行中並沒有
真正的流動，造成經濟也沒有復甦的跡象。另外在金融風暴能
生存下來的少數大型企業，基本上沒有資金的問題，相對於大
多數的中小企業，因為沒有厚實的資本，又經過金融風暴遭受
波及甚至被擊垮，而造成違約（周轉失敗）導致信用受損，短
期之間也無法從銀行借貸足夠款項進行公司重整，也讓大型的
公司大者恆大、小者更小的M型趨勢。

　　大量印製鈔票所造成的通貨膨脹，將會讓白銀的避險需求
上升，而且企業為了避險或是工業需求，將會投入更多資金進

入白銀市場。

債務問題：美國財務懸崖、歐債、日本政局債務

財政懸崖（Fiscal Cliff）一詞最早是由美國聯準會主席柏南克提出，意指到2012年底，美國政府減稅優惠措施到期（小布希政府當時提出的：所得稅減免、失業補償等），同時國會也將啟動減赤機制，將會造成政府財政支出猛然緊縮，也就是說2013年美國財政赤字將會如懸崖般陡然直線下降，所以稱為財政懸崖。

財政懸崖會造成的效應有：（1）全美通貨緊縮。（2）全球GDP被拉低1%，約30%的消費市場消失。（3）政府增加稅率（取消最低賦稅制度、停止跨國企業租稅條件、提高股息稅、增加地產稅、提高資本利所得稅率）。簡單來說，就是提高稅率、降低各種消費來還債。由於企業獲利減少，自然會進行裁員，其一是讓企業沒有多餘的資金生產產品，造成出口衰退，其二美國是全世界絕大多數國家的出口國，人民降低消費，將嚴重重創其他出口國的市場，對全世界的經濟影響甚大！雖然短期通貨緊縮，美元看漲，但長期來看卻是整體經濟熄火，造成購買力、生產力雙重地嚴重衰退！

在2012年底的美國總統大選，民主黨與共和黨的候選人均對財務懸崖的問題進行政見發表，民主黨的歐巴馬傾向跟富人徵稅，逐步提高稅收；共和黨的羅姆尼傾向大幅削減政府支出，包括停止大眾醫療法案。簡單來說，美國兩黨對於財政懸

崖的做法都是延期或向特定族群徵稅延緩、降低其殺傷力。但
透過數字上看來仍是微乎其微，透過這種被動的方式始終無法
解決問題，財政懸崖還是會發生，而且即使短期不發生，透過
持續的舉債、刺激經濟還是會迎向最終的崩潰！

　　如同過去美國金融大亨J.P.摩根先生曾說的：「**黃金才是
錢，其他的一切都只是信貸。**」印鈔、徵稅已經無法控制資本
主義這發狂的機器，紙鈔的遊戲只能用紙鈔繼續堆築，廉價的
物品無法選擇它的價值，只能讓它崩毀，現在的金融衍生物，
已經因為貨幣的浮濫而變成一個又一個高風險的金錢遊戲，如
果現在投入市場，無異是膽識過人，不然就是成為金融體系的
陪葬品。

白銀交易合法性：美國三州通過貨幣法案

　　美國猶他州已經開放黃金、白銀當作可用來進行商業交易
的合法貨幣，而且密蘇里州、南卡羅來納州也已經通過了這項
法案。

　　下列報告白銀在各州值得令人注意的資訊：在猶他州，如
果有人要用貴金屬換成紙鈔，政府提供一次性免稅（原本轉換
都是要稅金的）；南卡羅來納州，提供企業可用貴金屬來做為
支付企業支出的選項；密蘇里州，在眾議院通過新的法定貨幣
規範，指定由聯邦政府發行的黃金、白銀在密蘇里州成為法定
貨幣。黃金、白銀已經逐漸恢復成為一些區域的主要貨幣，說
明著各州政府對聯準會所發行的美元不信任。

交易保證金：2011年芝加哥交易所提高交易保證金，
防範投機者大量炒作白銀

2011年5月的白銀市場，芝加哥交易所十天內連續五次調高白銀的交易保證金，提高總保證金額達84%，進而讓白銀期貨市場迅速下跌，同時全球最大白銀指數股票型基金（ETF）安碩白銀指數基金（iShares Silver Trust）也遭到拋售，總跌幅統計高達20%以上。金融大鱷索羅斯也在同時減少持有白銀期貨，墨西哥首富卡洛斯‧史林姆‧埃盧（Carlos Slim Helu）（2010年全球首富）也出售白銀期貨，為他的白銀礦產積極避險。由此可見白銀市場中有非常多的投機客、基金避險者。透過提高交易保證金，不僅僅讓許多投機散戶斷頭出清，即便他們買的是白銀期貨，但只要是相關金融衍生物，就要揹負它的相關規定臨時改變的投資風險。

在1970年代的美國亨特兄弟（Nelson Bunker Hunt & William Herbert Hunt）便創造了離現在最近一次的白銀價格新高，由於過去白銀曾是美國的貨幣（白銀券，1878～1964），同時與美元（美聯儲券）流通，但美國政府為了南北戰爭需要大量資金，必須讓美元獨大，因此透過禁止白銀券兌換，並分階段向工業市場拋售所持有的60億盎司的實體白銀，也因為這個舉動讓白銀價格受到打壓，導致礦場減少挖掘。直到1970年，美國的實體白銀儲備已經所剩無幾，美國政府再將白銀期貨化，由於期貨訂定的規則，讓投資者改用現金支付，進而控

制白銀價格。就在此時，亨特兄弟看準了實體白銀數量已經遠遠低於期貨紙白銀的數量，決定透過期貨的買入，同時要求實體白銀進行結算的方式一舉壟斷市場。一段時間後，白銀價格隨之水漲船高，礦廠則必須出產更多的白銀以供應期貨與工業需求，才能穩定銀價，以免白銀價格飆升，造成礦業市場的萎縮。

在短短七年之間的攻防戰，已經讓銀價漲了十七倍，當時美國Engelhard公司（後來被德國BASF化學工廠買下），在價格最高的時候，就必須履行1,900萬盎司的實體白銀期貨合約，如此龐大的白銀實體交易量，如果沒有銀行借貸，實在是難以負擔。亨特兄弟也因此鋌而走險，用期貨合約做為抵押與其他債券抵押公司進行交易。但在此時，美國紐約期貨交易所將期貨保證金提高六倍，並且只提供期貨賣權的交易，導致當時白銀現貨的價格從49美元跌到30美元，從此白銀開始了二十年的低迷熊市。

2011年，紐約期貨交易所再度使用同樣方式重整市場，顯然就是人們沒有深刻了解歷史背後的原因，才讓歷史不斷重演。其實亨特兄弟為投資者點出了下列的癥結點。

主要敗因，「**沒有認清市場**」。擁有投資標的物，不見得懂得投資的「潛規則」。在很多投資者的心中，市場是公平的，然而事實並非如此，自古以來，貴金屬一直都是信用貨幣的天敵，不僅在過去如此，現在也是如此，而白銀也不僅僅

是工業的貴重金屬，也不僅僅只是貴金屬的期貨，它更是美元（美聯儲券）的一面「照妖鏡」。相對的，美元背後牽引著許多既得利益集團，這些集團對政府有著極大的影響力，乃至於1963年甘迺迪總統提出的11110號增加國家白銀儲備的「總統法令」，最終也沒有落實。同時，如果白銀價格飆漲，將導致美元地位受到挑戰，所以，當1980年銀價被炒高到 1 盎司49美元的同時，本應公平公正履約的紐約期貨交易所（COMEX）卻幫了白銀的賣家，提高了交易保證金價格，讓亨特兄弟無法反應。

第二個敗因，**期貨市場是一種避險市場，並非投機市場。**透過財務槓桿的保證金可以進行融資，這主要是讓證券交易所進行貨幣的放貸，收取利息；或是出借實體商品，透過商品抵押率對借貸者收取保證金。期貨市場的建立與發展就是要讓商品可以自由交易，然而保證金如果隨著價格的漲跌而浮動制價，將對市場的交易性大打折扣；也就是說市場的機制是交易所說了算，而交易所被幕後的國家、財團所控制。同時由於亨特兄弟早看出期貨市場的實體白銀數量遠低於期貨合約，因此堅持使用提取實體的方式向期貨賣家收購，但資本不足時，他們卻對外舉債，導致當期貨交易所提高保證金時，他們無力負擔債務，種下敗因。

如果當時亨特兄弟堅持買進實體，不碰期貨。除非政府發動軍隊抄家，不然也沒有辦法影響到他們。而且，時至今日，

資產經濟自由化，資產所有人可以透過各種運輸管道將所持有的白銀進行運送、保管到其他國家，這樣一來，就可避免白銀持有者該國政府的強力徵收。例如，成立超過一百五十年的Brink's全球保管公司，有各種保管方式、武裝運輸等，在轉移資產上更為方便。

另外在1980年代，世界商品交易均由倫敦與紐約兩地的交易所所把持，並沒有第三方勢力可以挑戰這兩個交易所；也就是說過去只要這兩個交易所聯手改變遊戲規則，即使是亨特兄弟也難以撼動整個白銀市場。然而今非昔比，如果紐約期貨交易所一如當年大幅提高保證金並只准賣不准買，時間拉長，全球交易商將可能轉移到其他快速發展的交易所，例如，上海期貨交易所。而紐約期貨交易所掌握的商品定價權也會逐漸流失，這樣勢必會影響到全球的資源分配、定價權，甚至是整個金融系統。

如果你買了白銀，不管是紙白銀還是實體白銀，都應當清楚了解自己在進行一種怎樣的買賣，同時應當知道可能甚至確定要負擔怎樣的風險，因為你的對家不是普通的大戶，而是整個金融體系，且背後更可能涉及世界上金融權力的藏鏡人。所以透過過去的歷史，可以歸納出投資白銀的三個重點：

1. **只購買實體白銀。**
2. **不參與期貨市場進行投機行為。**

3. **不借貸融資，如果要借貸投資，則借貸範圍必須在自己可以控制範圍內，並要特別留意利息的走勢變化。**

　　白銀市場與其他期貨商品市場的規模相對較小，也比較容易進行壟斷，而且從過去貨幣歷史、工業應用來看，白銀對整個金融市場非常重要，誰能控制這種排在黃金之後的稀有資源的定價權，誰就能對全球金融發揮強大的影響力。倫敦及紐約白銀期貨已經掌控了白銀定價權近二百年，負責定價的包括AIG等大型金融機構（AIG已退出白銀定價商，自願降為普通交易商），而在之前世界上大多是實行銀本位，且以白銀為貨幣的中國為中心運轉。在當時的中國，白銀與其他商品的對換價，決定著白銀的價值，但自鴉片戰爭後，中國白銀市場不斷委縮，到民國初年銀本位解體，進而失去白銀最終的定價權。

實體白銀才是你財富的終極堡壘

　　在介紹過這麼多的白銀投資工具，以及各種工具的優缺點之後，我們主要把白銀投資工具分成紙白銀與實體白銀兩大類。如果從實體經濟來看，實體白銀才是構成經濟的主體，所有的紙白銀都算是實體白銀的衍生性金融商品。我們的金融體系之所以充滿了投機者，終日沉迷於金錢遊戲，衍生性金融商品所製造的幻象就是關鍵因素之一。

　　如果你認為衍生性金融商品是非常可靠的，那麼請你回

想一下白銀是如何被操縱的？2011年時白銀價格是如何被打壓的？雖然白銀期貨、白銀選擇權、白銀存摺等衍生性金融商品，可以提供你更高的槓桿，買賣時更方便。但是，當實體白銀供不應求時，實體白銀的價格很可能會與紙白銀價格分道揚鑣，持有紙白銀的人，只能眼睜睜地看著實體白銀價格上漲，手上的紙白銀卻不能換成真實的實體白銀，從前面幾個章節的介紹，我們可以發現，這種情況是非常可能發生的，因為紙白銀的交易規模遠超過實體白銀，只是，到目前為止，很少人發現到白銀的真相。

　　有些人也許認為礦業公司股票是個不錯的選擇。的確，從我們之前的分析，如果是經營績效優良的公司，很有可能在白銀上漲的趨勢中，為你帶來更大的報酬。但是，先決條件是，這家礦業公司必須是經營績效優良的公司。因為，並不是每一家礦業公司都有能力獲利，很多公司在白銀價格上漲過程中，由於經營績效不佳，股票價格並不能隨著白銀價格上漲而受惠。也就是說，除了你要有判斷白銀基本面的能力，你還要深入了解礦業公司的財務報表、各礦區的開採情況、地緣政治風險等眾多因素。綜合考量之下，才能做出正確判斷。

　　我們的合作夥伴──國際白銀權威大衛・摩根，在他的《摩根報告》中就根據財務報表、經營團隊、各礦區開採情況等因素，列出許多經營績效良好的礦業公司。我自己大部分的資產都是以實體白銀為主，剩下的部分資金則是分配到大衛・

摩根所推薦的礦業公司股票，持有現金的比例則是非常非常少。如果你想要承擔一些風險，獲得更多的報酬，而選擇購買礦業公司的股票，在購買前，請務必要選擇具有前景且經營績效優良的礦業公司。

實體白銀從古至今，將近五千多年來，一直都扮演著穩定金融體系的關鍵角色。直到最近一百多年，才慢慢被紙鈔剝奪原有的貨幣地位，實體白銀也慢慢被人們所淡忘，但歷史告訴我們：「人類永遠無法從歷史中得到教訓。」歷史不斷在循環，實體白銀一直都是人們最重要的實體資產之一，持續捍衛著人們的購買力。實體白銀也完全獨立於金融體系，一旦你持有了實體白銀，你就是實體白銀的唯一主人。不論發生金融海嘯、貨幣戰爭、通貨膨脹、通貨緊縮或是各種天災人禍，實體白銀都會忠心地守護著你的資產。

此外，就在實體白銀貨幣屬性被遺忘的同時，隨著工業的快速發展，實體白銀絕佳的導電性、導熱性、反光性與殺菌效果，被科學家發現。大量的實體白銀開始被應用在各種工業用途，已被開採出的庫存也快速消耗，而且極大部分都無法回收。實體白銀的供給需求非常不平衡，而**實體白銀之所以還這麼便宜，都是衍生性金融商品所製造的假象**，一旦假象被戳破，實體白銀的光芒才會再度閃耀。

未來，實體白銀重新恢復貨幣屬性以及不斷上升的工業需求，將會是推動實體白銀價格上漲的兩大動力來源，因此，強

烈建議在你充分了解白銀的歷史與現況後，請建立一些實體白銀的部位，當作你財富的終極堡壘。

如何衡量你的購買力？

目前全世界可以投資的標的物主要分成股票、房地產、債券、原物料四大類。這四大投資標的物又可以根據不同的國家、不同的產業衍生出更多的小投資標的。每一類的投資標的物都有各自的週期循環。在貨幣體系穩定的情況下，要研究各種標的物的週期循環已經不是一件簡單的事。就以對人類最重要的糧食來說，你要掌握糧食價格的週期循環，就要了解糧食的基本供給需求、各個糧食生產國的地理位置、全世界氣候的變遷、地緣政治的穩定性等等因素。然而，在貨幣體系出現危機的環境裡，各種投資標的物的價格很容易被扭曲，要觀察出週期循環就更困難了。為了要解決這個問題，最好的方式就是直接觀察不同投資標的物之間的比值。

就以投資黃金與美國股票來說，你可以觀察黃金價格與道瓊工業指數的比值。從最近一百多年來，道瓊工業指數與黃金價格的比值變化圖中，我們可以很清楚地觀察到比值循環的週期。週期最低的時候，道瓊工業指數與黃金價格的比值是 1。在2012年底，道瓊工業指數與黃金價格的比值大約是 8。如果要回到週期最低時的比值 1，黃金就必須再上漲八倍。

除了黃金價格與道瓊工業指數的比值之外，你還可以根據

個人投資計畫來檢視各種關鍵指標,例如,黃金價格與日經指數的比值、黃金價格與香港恆生指數的比值、黃金價格與美國房地產價格的比值、白銀價格與小麥價格的比值、白銀價格與石油價格的比值、白銀價格與台灣加權指數的比值,白銀價格與那斯達克指數的比值等等。只要你徹底了解經濟循環的歷史與現況,並且充分掌握各種投資標的物的基本面與循環週期。把手中被高估的資產,不斷轉換成被低估的資產,不論在任何經濟環境下,你的財富都將持續成長。

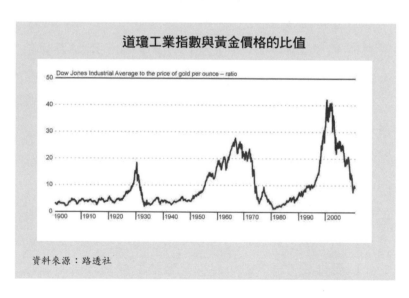

道瓊工業指數與黃金價格的比值

資料來源:路透社

想要阻止市場被操控嗎？

把你的實體黃金、白銀拿回家吧！

　　銀行家試圖操控黃金、白銀價格的風險是非常高的。如果愈來愈多的投資者開始把紙黃金、白銀轉換成實體黃金、白銀，銀行家們最後將不得不承認他們根本沒有足夠的實體黃金、白銀支撐紙黃金、白銀的發行。當謊言被揭露時，實體黃金、白銀的價格就會一飛衝天，而紙黃金、白銀的價格就會下跌到零。

　　有一些投資者可能會問，為什麼我要領回實體黃金、白銀？如果我領回實體黃金、白銀，那我手上的紙黃金、白銀不就沒有價值了？為什麼不讓紙黃金、白銀的遊戲繼續進行下去呢？會有這些疑問的投資者不了解的是裸賣空和紙黃金、白銀是不可能永遠進行下去的。

　　事實上，某些大銀行裸賣空的行為最終將崩潰。因為美國聯準會為了產生通膨而不斷印鈔票，再加上美國嚴重的債務問題，其他國家的中央銀行，如中國或印度，為了減少美元貶值所帶來的損失，他們不斷買進實體黃金、白銀。這些國家強力的買進實體黃金、白銀，使西方國家銀行的裸賣空計畫面臨重大挑戰，一旦實體黃金、白銀的需求量超出全世界實際存在的黃金、白銀數量，操控黃金、白銀價格的手法將被揭穿。

　　請記住，如果某個人賣空某項商品，但是那項商品的價

格卻不斷上升，那麼賣空的人就會賠錢。如果賣空的人不斷地賣空，但是商品的價格卻不斷上漲，最終賣空的人將不得不以高價買回商品以避免更多的損失。這就是所謂的「嘎空」。想像一下，如果摩根大通銀行急著要從市場上買回大量的實體黃金、白銀來支撐紙黃金、白銀，實體黃金、白銀的價格會漲到什麼地步？同時，紙黃金、白銀的投資者會開始要求領回他們的實體黃金、白銀，特別是當美元不斷貶值時，更會加速領回的速度，然後銀行最終將沒辦法把實體黃金、白銀運送給所有的投資者，因為他們根本就沒有這麼多的實體黃金、白銀。

就西方國家銀行的角色而言，他們希望美元崩潰，且黃金、白銀復甦的時間點可以愈晚愈好，因為他們知道美元崩潰且黃金、白銀復甦只是遲早的問題，如果發生的時間點愈晚，銀行家就有足夠的時間買進更多的實體黃金、白銀，一旦美元崩潰時，他們還可以利用手中大量的實體黃金、白銀重新建立以黃金、白銀為基礎的貨幣體系。

根據官方統計資料，全球央行總計持有黃金30462.8噸，其中歐美國家就持有21898.5噸，佔全球央行黃金總儲備量的72%。西方國家的商業銀行與私人銀行所持有的黃金、白銀數量更是龐大。然而，如果某些投資者已經發現現今貨幣體系最終的結局，而開始買進實體黃金、白銀，這些投資者就可以在貨幣體系重整之前，買進足夠的實體黃金、白銀來保障他們的資產，而不是在貨幣體系重整之後，才發現由於手上沒有實體

黃金、白銀，而造成財富被洗劫一空。

法定貨幣崩潰之日終將到來

法定貨幣的價值正在不斷流失，而黃金、白銀的價值慢慢被一般大眾重新認同。中國及印度等新興國家，他們的貨幣政策都傾向於慢慢減持美元，並希望推動另外一種世界貨幣來取代美元。當每個國家都不再信任美元並開始拋售美元的時候，美國國債也會面臨被拋售的情況，當這種情況發生時，印再多美元也沒有辦法解決問題，美元會變得毫無價值，伴隨而來的是超級通貨膨脹。

只有持有實體黃金、白銀的人們可以度過這種經濟環境，並保障他們的財富，因為自古以來，黃金、白銀本來就是儲存財富最好的方式之一。只有持有實體黃金、白銀的人們可以保障他們的購買力，並換到生活所需的物資。

許多評論家不斷批評黃金、白銀不斷上漲是毫無道理的，那是因為他們從來沒有真正了解經濟的基礎。法定貨幣從歷史的角度來看總是不斷崩潰，當然，美元也不會例外。許多主流的分析師如果不能觀測到美元崩潰的情況正在發生，那他們對於黃金、白銀或是經濟的預測通常是錯誤的。當愈來愈多人了解美元終將崩潰的真相時，那才是黃金、白銀真正要爆發的時刻，請在崩潰來臨前做好準備，保護好你的財富。

如何保存實體白銀？

在了解實體白銀的價值之後，很多人可能會選擇要買進實體白銀做為保障資產的最後一道防線。但是，對於如何保存這些貴重的實體白銀卻感到煩惱。其實，要如何保存實體白銀並沒有標準答案，這與個人風險偏好與資產配置相關。以下列出一些常見的保存方式，並分析其優缺點，供你保存實體白銀時參考。

第一種最直接的保存方式，就是儲存在家中的隱密地方。在前面的章節有提到過，實體白銀是獨立於各種金融危機、貨幣戰爭或天災人禍之外。因此，我建議無論如何都要儲存一點實體白銀在家中，供你在緊急狀況時，隨時取用，至於要儲存多少，則端看個人資產配置而定。有些人可能會認為把實體白銀儲存在家中，會有失竊的風險。建議你可以與有規模的保全業者聯絡，大部分的保全業者有提供安裝保管箱的服務，而且保管箱可以與保全業者24小時連線，這樣可以大大降低失竊的風險。

第二種保存方式，則是儲存於銀行保管箱。

銀行保管箱，顧名思義，只具有保管的功能，你租用一個保管箱後，銀行會提供你一個空間，存放你的實體白銀，每一個保管箱都有賠償上限，但是一旦發生失竊，卻要自行舉證，才會進行賠償。根據許多實際的失竊案例顯示，貴金屬的失竊

通常都會因為保管箱的主人無法舉證，而完全無法進行賠償，最後只能不了了之。這是一般人把貴重物品儲存於銀行保管箱時，經常會忽略的重要事項。銀行保管箱並不是像一般人所想的完全沒有風險。

此外，儲存於金融體系下，還存在被沒收的風險。下頁圖是美國1933年的報紙頭條，當時的美國羅斯福總統，在1933年4月19日發布總統令，沒收全國的黃金，宣布擁有黃金是一種違法行為。當時的報紙頭條寫著：「根據總統執行令，所有人民儲存於聯邦準備銀行、聯邦準備銀行各分行與聯邦儲備系統的任何會員銀行裡的金幣、金條與黃金憑證，必須在1933年5月1日前繳交給政府。」在頒布這個命令後，所有的金融體系都暫停營運，進行黃金徵收的動作。

在如此自由開放的美國，都曾經發生過這種情況，一旦實體白銀的貨幣價值重新閃耀，歷史很有可能重演。所以，將實體白銀儲存於銀行體系時，千萬別忽略了這個重大風險。

第三種保存方式，就是儲存於保全公司的金庫。

全世界最有公信力且專門處理貴重物品的公司，就是布林克（Brinks）保全公司，許多商品交易所的實體黃金、白銀都是儲存在他們的金庫。布林克保全公司完全獨立於金融體系之外，而且所有的貴重物品都有進行全額的保險，對於儲存者非常有保障。此外，你儲存於布林克保全公司的實體白銀，完完全全屬於你個人，不論在多少年後，你把實體白銀提領出來，

UNDER EXECUTIVE ORDER OF THE PRESIDENT

Issued April 5, 1933

all persons are required to deliver

ON OR BEFORE MAY 1, 1933

all GOLD COIN, GOLD BULLION, AND GOLD CERTIFICATES now owned by them to a Federal Reserve Bank, branch or agency, or to any member bank of the Federal Reserve System.

Executive Order

GOLD CERTIFICATES may be identified by the words "GOLD CERTIFICATE" appearing thereon. The serial number and the Treasury seal on the face of a GOLD CERTIFICATE are printed in YELLOW. Be careful not to confuse GOLD CERTIFICATES with other issues which are redeemable in gold but which are not GOLD CERTIFICATES. Federal Reserve Notes and United States Notes are "redeemable in gold" but are not "GOLD CERTIFICATES" and are not required to be surrendered

Special attention is directed to the exceptions allowed under Section 2 of the Executive Order

CRIMINAL PENALTIES FOR VIOLATION OF EXECUTIVE ORDER
$10,000 fine or 10 years imprisonment, or both, as provided in Section 9 of the order

你手中的實體白銀就是你當初所儲存的實體白銀。某些貴金屬業者提供的保管服務，只承諾你可以領回相等重量的貴金屬，但並不確保你可以領回當時存入的實體貴金屬，這一點是你在選擇保全公司時，必須仔細考量的因素之一。

綜合以上三種保存方式，雖然各有優缺點。但是，如果你已經非常了解實體白銀的價值，並確定要購買實體白銀，建議你一定要放一些實體白銀在你可以隨手取得的地方。剩下的實體白銀，可以選擇儲存在具有全額保險的保全公司金庫。與金融體系有緊密相關的銀行保管箱則應該盡量避免。

擬定專屬於你的投資計畫

在介紹這麼多白銀的歷史與現況以及白銀投資工具之後，想必你對投資白銀已經有了基本的了解。但是，請謹記投資是很容易被自己的情緒或外在的雜訊所影響，而失去理性的判斷。因此，在投資之前一定要擬定屬於你自己的投資計畫。當你開始投資時，請理性按照你當初所擬定的計畫執行，直到達成你的投資目標為止。由於環境不斷在變化，也**別忘了要定期重新檢視投資計畫，並且不斷修正，為你的專屬投資計畫保留彈性**。

由於每一個人想要過的生活方式不同，每個人所擁有的專業技能或是資源也都不一樣，所以在投資之前，擬訂一份專屬

於自己的投資計畫是非常重要的。如果你可以明確定義出你的投資目標，那麼也比較容易設計出最佳的投資計畫。相反的，如果你沒有投資目標和投資計畫，很容易會受到市場環境的干擾，而做出錯誤判斷，或是因為承受過大的心理壓力，而破壞原有的生活品質。

如果你了解總體經濟的基本概念，那麼你一定會知道各種投資標的物都有它的循環週期，如果你真的想成為一名長期投資者，並在市場中獲得穩定且高額的報酬，那麼更要規畫詳盡的投資計畫，並且堅定地執行。因為很多時候，即使你已經判斷出準確的趨勢，卻往往會因為市場過度震盪而產生信心上的動搖，並擔心自己是不是做了錯誤的投資決策。要成為一名長期投資者，就是要不斷尋找被低估的標的物，並在適當時間做轉換，但是這種投資方式通常是違反人性的，因為你做的投資，會與大部分人熱衷的投資背道而馳。

當你對總體經濟鑽研夠深入，你就會更確信在目前的循環週期中，貴金屬是避險的最佳方式之一。正如同之前提到的，每個人的目標不同，所以制訂一個專屬的投資計畫是很重要的。以下是我在制訂計畫時一定會問自己的問題，這些問題將幫助你制訂出適合你的計畫。

1. 我投資的目的是什麼？
2. 我的買賣策略是什麼？

3. 我要如何根據趨勢，轉換投資標的？

4. 我對這項投資有沒有足夠的知識？

5. 我打算花多少時間研究這個標的物？

6. 我要從哪裡得到準確可靠的資訊？

7. 我要找誰提供我專業諮詢？

8. 我要如何配置資產？

9. 我要在何時重新檢視自己的投資計畫？

白銀「知識」才是致富的關鍵

白銀不一定能讓你致富，**真正能讓你致富的關鍵是白銀的知識**。全世界經濟持續動盪不安，歐元區面臨崩潰的問題、歐美國家嚴重的債務問題、中國出口衰退問題，以及全世界貨幣體系的問題，這些問題都將在未來的幾年甚至數十年，影響著全世界人們的生活，如果你想要安然度過這次經濟動盪，甚至從中找尋致富的機會，你一定要持續不斷地學習，徹底掌握經濟循環的關鍵與週期。

我們花了數年的時間，研究總體經濟的相關領域。在研究的過程中，我們很榮幸能認識一群世界頂尖的經濟專家與貴金屬專家，例如：艾瑞克・史波特、麥克・馬隆尼（Mike Maloney）、大衛・摩根、彼得・席夫（Peter Schiff）、泰德・巴特勒（Ted Butler）等等。透過他們的指導，讓我們快速掌握到總體經濟與貴金屬的知識，並建構出完善的資產配置

方案。至今,我們仍然經常與這些專家互相討論,關於世界未來的趨勢、人類未來可能面臨的問題,並討論出可行的解決方案。只要你願意花更多心思學習,任何人都有能力站上世界的制高點,看清楚人類的未來,讓你不再對未來的不確定性感到不安。

從歷史上來看,我們經常發現,一旦遇到經濟動盪,大部分人的財產總是被掠奪,只有少數人得以保存財產,而更少數的人可以藉此致富。其中一個關鍵就是「**學習**」,通常80%的人都專注在自己的工作領域,而沒有給自己一點時間,停下腳步看看這個世界到底怎麼了。剩下20%的人,則是透過學習覺察到環境的變化。但是這20%的人,並不是每一個都能保住自己的資產或致富。他們缺少的另外一個關鍵就是「**行動**」,除了學習之外,還要透過行動,才有可能「**產生改變**」。這就是為什麼總是只有少於5%的人可以在經濟動盪的環境下保住財產並致富的兩大關鍵。

我們寫這本書的目的,就是為了幫助更多人了解世界趨勢,並且透過努力學習與查證的過程中,**建立自己獨立思考的能力**。我認為沒有人可以準確地預測未來,但是**擁有了獨立思考的能力,你就可以根據環境的變化,而不斷調整自己的投資策略,保存你辛苦工作所存下的每一分錢,並創造更大的財富**。

世界經濟發展大事表

西元	世界經濟大事
847～858	唐朝宣宗時期，蘇杭地區就出現「銀行」，一般民眾可以在銀行裡兌換到白銀。
1023	人類發明最早的紙鈔——交子。
1436～1935	明朝英宗廢除禁銀令，使得白銀流通更加普遍，造就了中國歷史上長達500年的「白銀帝國時期」。
1492	白銀開採技術第一次大突破，白銀產量倍增。
1716	法國創立西方國家最早的紙鈔制度。
1792	美元採取黃金、白銀雙本位制。
1876	白銀開採技術第二次大突破，白銀產量又增加數倍。
1904	清朝光緒皇帝，創辦中國歷史上第一家官方銀行。
1907	美國金融危機。
1913	美國創立聯邦準備系統。
1914～1918	第一次世界大戰，造成嚴重的經濟損失，據估計損失約當時幣值1,700億美元。
1923	德國發生超級通貨膨脹。
1929～1939	美國經濟大蕭條時期。

西元	世界經濟大事
1935	中國陷入嚴重通縮，白銀在中國歷史上的貨幣地位，被紙鈔取代。
1939～1945	第二次世界大戰。
1944	布列敦森林會議規範國際貨幣體系，以黃金為本位。
1959～1975	美國在越南戰爭中，花費大筆國防支出。
1965	法國總統戴高樂呼籲貨幣體系要回歸到金本位。
1965	美國總統強森下令，美國財政部停止白銀券的使用及實體白銀的兌換。白銀的貨幣地位被紙鈔取代。
1971	美國尼克森總統宣布關閉美元兌換黃金的窗口，貨幣體系脫離金本位。
1981	美國聯準會主席伏克爾把聯邦資金利率提高到20%，藉此打擊通膨。
1985	世界主要經濟大國於紐約廣場飯店，共同擬定美元貶值計畫。
1991	英國貨幣危機。
1992	歐洲匯率機制危機。
1994	墨西哥金融危機、全球債券市場危機。
1997	亞州金融危機。

西元	世界經濟大事
2008	全球金融海嘯。
2009～2010	美國實行第一次量化寬鬆。
2010～2011	美國實行第二次量化寬鬆。
2012～無限期	美國實行第三次量化寬鬆，直到失業率降低至6.5%以下。
2013～無限期	美國實行第四次量化寬鬆，直到失業率降低至6.5%以下。
2013～無限期	歐洲央行決定無限制購買國債。
2014～無限期	日本實行量化寬鬆，直到通膨率超過2%為止。

參考書目

1. 《金錢的歷史》，大英博物館著，博雅書屋，2009。

2. 《美元失色黃金發熱》，詹姆士‧涂克、約翰‧魯賓諾，時報出版，2004。

3. 《貨幣戰爭》，宋鴻兵著，遠流出版社，2008。

4. 《貨幣戰爭2》，宋鴻兵著，遠流出版社，2009。

5. 《貨幣戰爭3》，宋鴻兵著，遠流出版社，20011。

6. 《貨幣戰爭4》，宋鴻兵著，遠流出版社，20013。

7. 《黃金的魔力》，彼得‧伯恩斯坦著，商周出版，2002。

8. 《富爸爸買賣貴重金屬》，麥克‧馬隆尼，寶鼎出版，2010。

9. 《下一波全球貨幣大戰》，詹姆斯‧瑞卡茲，聯經出版，2012。

10. 《當貨幣死亡》，亞當‧福格森，麥田出版，2011。

11. Get the skinny on silver investing，David Morgan，2006。

12. Silver-The People' s Metal，Ryan Jordan，2012。

13. The Silver Bomb，Michael Macdonald & Christopher Whitestone，2012。

14. http://www.silver-investor.com/

15. http://www.silverinstitute.org

16. Silver year book, http://www.cpmgroup.com

17. Gold year book, http://www.cpmgroup.com

18. World silver survey, http://www.gfms.co.uk/

19. http://www.gold.org/

創新觀點18

白銀大未來

2013年7月初版　　　　　　　　　　　　　　　　定價：新臺幣280元
2019年9月初版第三刷
有著作權・翻印必究
Printed in Taiwan.

著　　　者	張	雲	量	
	陳	勇	克	
叢書主編	鄒	恆	月	
編　　　輯	王	盈	婷	
封面設計	黃	聖	文	
內文排版	陳	玫	稜	
編輯主任	陳	逸	華	

出　版　者　聯經出版事業股份有限公司　　　總　編　輯　胡　金　倫
地　　　址　新北市汐止區大同路一段369號1樓　總　經　理　陳　芝　宇
編輯部地址　新北市汐止區大同路一段369號1樓　社　　　長　羅　國　俊
叢書主編電話　(02)86925588轉5315　　　發　行　人　林　載　爵
台北聯經書房　台北市新生南路三段94號
　　　電話　(02)23620308
台中分公司　台中市北區崇德路一段198號
暨門市電話　(04)22312023
郵政劃撥帳戶第0100559-3號
郵撥電話　(02)23620308
印　刷　者　世和印製企業有限公司
總　經　銷　聯合發行股份有限公司
發　行　所　新北市新店區寶橋路235巷6弄6號2F
　　　電話　(02)29178022

行政院新聞局出版事業登記證局版臺業字第0130號

本書如有缺頁，破損，倒裝請寄回台北聯經書房更換。　　ISBN　978-957-08-4213-5 (平裝)
聯經網址 http://www.linkingbooks.com.tw
電子信箱 e-mail:linking@udngroup.com

國家圖書館出版品預行編目資料

白銀大未來/張雲量、陳勇克著．
初版．新北市．聯經．2013年7月．
208面．14.8×21公分
（創新觀點：18）
ISBN　978-957-08-4213-5（平裝）
[2019年9月初版第三刷]

1.貨幣史　2.投資

561.3209　　　　　　　　102011291